花のない花屋

東 信・著　椎木俊介・写真

朝日新聞出版

花は心を語る

　花は人が生まれてから死にゆくまで我々の人生に常に寄り添い続けます。何気ない日常から、出産祝い、誕生日祝い、結婚式、葬式にいたるまで、また、お詫びの花、プロポーズの花、落ち込んだ誰かを励ますための花など、人生の様々なシーンで常に花という存在は我々の身近にあります。私の仕事の原点は、そういった贈り手の気持ちを花に束ねることです。当然ながら花はただのモノではなく、生き物。いわば、"殺して生かした命"を贈っています。しかも花は「1日で10歳年をとる」と言われるほど時間が命で、大げさに言えば、1時間ごとに表情が違います。だから、古い花から売ったり、余ったものを捨てたりすることがないように、お店に花の在庫を置くことはやめました。どんな花束も、贈り手の意図を聞き、ゼロからその人のための花を仕入れています。それがオートクチュールの花屋、つまり「花のない花屋」といわれるゆえんです。

　本書では100人の方々のストーリーに合わせてそれぞれの花を束ねました。前述したとおり幸せに満ちあふれた人に贈る花から、不幸のどん底にある人を勇気づける花まで、言葉にできない感情や表現しようのない大きな思いを花束に込めて。人生とは時に受け入れがたいことや心の拠り所のない悲しみを我々に突きつけます。また、その逆に永遠であって欲しいと願う喜びや、涙がこぼれるほど嬉しい瞬間もあります。そんな時いつも私たち人間はその言葉や

感情を花に託してきました。

　人は古くは縄文の時代から死者に花を手向けたと言います。それは今も昔も変わらず、幸も不幸も永遠も一瞬もすべてを超越し、花々は我々人間を癒し慰め励まし続けることができる唯一無二の存在だからではないでしょうか。

　最後に、フランスで古くから言い伝えられているある家族の物語を紹介します。みなさんにとっても、花が自分の人生に寄り添う存在となることを願って。

「貧しく暮らす4人家族がおりました。病気がちで働くことのできない父と、パートタイムで働きその日暮らしの一家を支える母に、育ち盛りの2人の子供。ある日パートタイムで働く母は不景気からくる業績不振で仕事を失いました。母は一生懸命に職を探しますがなかなか見つかりません。そしてついにお金が尽き果ててしまいます。財布に残ったのはわずかな硬貨のみ。しかしその日、最後になるかもしれない晩ご飯の食卓に並んだ物は安いパンでも、簡単なスープでもありませんでした。美しく咲き誇るユリの花が1本。そして母はこう言いました。パンを4等分しても家族みんなの空腹を満たすことはできない。それはこの花をみんなで眺めても同じこと。でもこの花は私たちの心を幸せな気持ちで満たしてくれる。そしてその気持ちはほんの一瞬でも私たちから空腹感を奪い去ってくれると。その日、家族はいつまでも、いつまでもその花を眺め続けました」

フラワーアーティスト
東　信

大切な友達へ 待ち望んだ妊娠、おめでとう

Story 001 / 100

AZUMA'S SELECT
キングプロテア、ダリア、ガーベラ、マリーゴールド、オーニソガラム、バラ、ナデシコ、カーネーション、アンスリウム、トルコキキョウなど

よろこびに満ちたお話なので、祝祭感をテーマにゴージャスにまとめました。明るいトーンにするため、暖色系の花を多く選び、15種類ほどの花を使っています。メインは中心に挿した大きなキングプロテア。ドライフラワーにもなる花なので、記念になるかもしれません。

　一緒に旅行へ行く計画をしていた友人から、ある日電話がきました。「妊娠したみたいだから、旅行は難しいかも……」。私にとって、涙が出るほどうれしいニュースでした。彼女と出会ったのは大学時代。大学も住む場所も違いましたが、発掘調査のアルバイトで出会い、もう一人の友達とともに3人で意気投合。以来、20年近く一緒に人生を歩んできました。彼女は8年ほど前に結婚しましたが、医学的に少し妊娠しにくい体質だと聞いていました。本人たちの力ではどうにもならないのに、「なんでまだできないの」など、周囲からの心ない言葉で傷ついてきたのを知っています。彼女はいろいろな葛藤を抱えながらも、不妊治療はしないという選択をし、子どもがいない人生と正面から向き合っていました。そんな彼女を誇らしく思っていましたが、今回のおめでたの報告は、とてもとてもうれしいことでした。第一報で旅行のキャンセルを詫びるところも彼女らしいです。本当によかった！　心からのお祝いと応援の気持ちを込めて、東さんのお花を贈りたいです。人が人に花を贈りたいと思うのはこういう時なんだと、今回生まれて初めて思いました。

小山美紀さん(仮名)・40歳・女性・鳥取県在住・会社員

弟のような妹のような、大切なきょうだいへ

3歳下に弟のような妹のような"きょうだい"がいます。大切な自慢の家族です。真面目すぎるほどの真面目で、素直で、心根の優しい子です。要領が悪く損をすることもありますが、決してずるがしこいことはしません。口数が少なく内向的で、じっと物事を観察して本質を見抜く力があります。魅力あふれる人間ですが、人生山あり谷ありを地で行くような人です。頑張って受験して入った中学校で不登校になり、1年以上引きこもったあと通信制の高校に通い、大学院で自然環境について学んでいます。が、今また困難にぶつかっています。

彼女、というか彼はトランスジェンダーです。生物学的には女性ですが、心は男性です。就活が始まり、自己認識や社会での立ち位置に悩んでいるようなのです。私はそんなところも含めて溺愛してきました。今まで味方でしたし、これからも、彼女であろうと彼であろうとそれは変わりません。この気持ちを直接伝えると嘘っぽくなってしまうので、いつも味方だよ、という気持ちと、きょうだいへの愛を込めてお花を贈りたいです。グリーン系の植物で、芯の強さを表現してもらえないでしょうか。

小島夏樹さん(仮名)・27歳・女性・大阪府在住・教師

AZUMA'S SELECT

リュウゼツラン、多肉植物、サボテン、エアープランツ、クレマチス、ニゲラの実、ナデシコ、グリーンローズ、クリプタンサス、ネオレゲリア、リプサリスなど

今回のテーマは"強さ"です。芯の強さを表すために、生命力のあるリュウゼツランをメインに選びました。リュウゼツランを中心に配し、多肉植物やサボテン、エアープランツなどのグリーンのみでまとめました。強い植物が多いので、パワーをもらえることを願っています。

毎日泣いてばかりいた私から、大好きな娘と夫へ

今年2月、初めての出産で娘を授かりました。妊娠、出産ともに順調でしたが、出産を終えた翌朝、担当医に呼ばれました。私の娘は左眼がない"小眼球症"の可能性があるとのこと。1万人に一人の原因不明の突然変異です。娘は確かに片目をつぶっていましたが、まさか眼球がないとは……。出産した翌日、娘だけが救急車で専門病院へ運ばれていきました。ショックが大きく、私は毎日泣いてばかりいました。そんなとき、夫に言われた言葉が忘れられません。「まず『普通』としてできることを望まない。この子の『個性』として考えよう」。正直、最初は頭ではわかっても、心がついていきませんでした。でも時間とともに、徐々に夫の言葉が心に入ってきました。

娘は、幸い合併症はなく元気に育っています。先日仮義眼を初めて入れ、正式な義眼も入る予定です。視力が戻ることはありませんが、新しい顔との出会いは、第2の誕生くらいにうれしいものです。右眼を大事にして、美しくすてきな世界を一緒に見ていきたいと思います。大好きな娘と夫に、家族がしっかりと前を向いて進んでいけるようなすてきな花束を贈りたいです。

田沼葉子さん(仮名)・33歳・女性・東京都在住・会社員

AZUMA'S SELECT
ダリア、マム、ピンクッション、ヒメヒマワリ、ケイトウ、マリーゴールド、ガーベラ、トルコキキョウ、バラ、ナデシコ、ラン、ベニアオイの実など

「元気に育って」という思いを込めてアレンジしました。見える方の目で、少しでも花を見て、感じて欲しかったので、選んだのは赤。ダリアやマム、ピンクッションをいくつも入れました。「個性として考えよう」という言葉はなかなか言えることではありません。すごいことです。

※この本では「花を束ねる」という意味合いを込め、アレンジメントを「花束」と呼んでいます

滋賀の寺で副住職をする花好きの彼に

彼と一緒に過ごすようになってから、半年以上が過ぎました。出会ったのは今年の1月。彼のお寺で開催されていたヨガのクラスに行ったのがきっかけです。初めて会った瞬間から、お互い惹かれ合っていました。自然と二人で会うようになり、おつきあいが始まりました。彼はとってもマイペースで、個を確立しつつも、仲間を大切にする人。超自然体で、見栄を張るようなところは一切ありません。「余計なものはどんどん削ぎ落とす」というタイプです。今は滋賀県にある実家のお寺で副住職をしていますが、大学卒業後、40歳になるまでイタリアの家具を輸入する会社で営業をしていました。

先日、私の両親にも会い、結婚の話も進んでいます。まだ出会ってから1年もたっていませんが、すべてがトントン拍子でびっくりです。この出会いに感謝しつつ、「今後も末永くよろしく」という気持ちを込めて彼にお花を贈りたいです。彼は最近、お花の先生をやっているお母様にお花を習っており、自分で生けて写真を撮っては、自慢げにフェイスブックにあげています。まっすぐなお花が好きで、特に和の花に愛着を感じているようです。

富野まいさん(仮名)・37歳・女性・東京都在住・会社員

AZUMA'S SELECT
リンドウ、トクサ、エリンジウム

まっすぐな花や和の花が好きということだったので、その言葉を頼りにアレンジしました。メインはリンドウ。短く切ってぎゅっとまとめました。間に混ざっているのはトクサ。これも短く切り、全体にちりばめています。「余計なものを削ぎ落とした」シンプルなアレンジです。

「華のない花」育てる八丈島の同僚に

私の暮らす八丈島は切り葉の生産が盛んです。観葉植物のロベは、流通している98%が八丈島産。その他にも、レザーファン、ルスカス、キキョウラン、ラウアエなどよく目にするものから、あまり市場に出回っていないものまで、100種類以上のヤシやシダ類の植物があります。私の仕事は、植物の栽培技術に関する研究や、農家のみなさんへの技術の普及。いわば、どれも美しい花を咲かせることはない、「華のない花」たちです。どの仕事も、決して世間から注目を集めることはない、地味で時間がかかるもの。相手が植物なので、雨の日も風の日も関係ありません。自然災害で研究計画が振り出しに戻ったり、思うような成果が得られないことも多々あります。

このような地道な仕事に情熱を注ぐ20代と40代の同僚3人に、尊敬と感謝の気持ちを込めて花束を贈りたいです。できることなら、彼女たちが日々向かい合っている「華のない花」たちが主役の花束を贈り、「僕らの作っている植物も主役になり得るんだ」ということを伝えたいです。固定観念や先入観にとらわれず、自由な発想でこれからも頑張って欲しいと思います。

藤井大地さん・45歳・男性・東京都八丈島在住・公務員

AZUMA'S SELECT
ソテツ、ルスカス、レザーファン、ロベ、ハラン

普段は脇役の葉が主役なので、少し手を加え、華やかにしています。ルスカスは3枚ずつワイヤーでまとめて花のように。レザーファンはギザギザの部分を切って葉の間に挟み込みました。ロベは葉を切り取ってループ状にし、オアシスに挿しています。葉は主役にもなる存在です。

究極の選択で私を救ってくれた夫へ

　夫と出会ったのは、私が18歳のとき。当時彼は26歳で、すでに働いていました。私たちは別れたり、よりを戻したりの繰り返しでしたが、私の中では最初から「結婚するならこの人」と決めていました。そして、結婚願望のなかった彼を説き伏せ、結婚式を挙げたのは昨年のこと。その数カ月後に赤ちゃんを授かったものの、病院へ行くと普通の出産は無理と言われました。私はSLEという難病を抱えています。免疫が自分の体を攻撃してしまう病気で、そのまま入院することに。「自分の体をとるか、赤ちゃんをとるか」という最後の決断は、どうしても私にはできませんでした。そのとき彼は、「麻里は決断しなくていいよ。俺がもう決めているから。麻里が元気でないと意味がないんだ」と言ってくれました。彼が子どもを欲しがっていたのを知っていたので、私は涙が止まらず、申し訳ない気持ちでいっぱいでした。同時に、「彼のためにも毎日笑っていよう」と決めました。

　そんな彼へ感謝の気持ちを込めてお花を贈りたいです。私の中での彼の色は"レインボーカラー"。「ありがとう」を伝えられるお花を作ってもらえたら幸せです。

池本麻里さん・25歳・女性・兵庫県在住・事務職

AZUMA'S SELECT
エアープランツ、ディッキア、ウツボカズラ、多肉植物、カラー、ピンクッション、ケイトウ、プロテア、ヒマワリ、ピットなど

彼のイメージカラー、"レインボー"でまとめました。すべて夏の花で、20種類近く使っています。男性へのプレゼントなので、強い"カラフル"のアレンジにしました。暑い時期の花は、どこか色も濃く、強い印象です。ハッピーな気分になってもらえるように仕上げました。

仕事にも子育てにも、まっすぐな妹に

AZUMA'S SELECT
ユリ（シベリア）、ペペロミア、ヒカゲカズラ、トラノオ、アストランティア、ゼラニウム、ディクタムナスなど

ユリをメインにアレンジしました。今回使ったのは純白でほのかな香りが特徴のシベリア。下の方から順番に咲き、優雅な香りを辺りに漂わせます。「健康に気遣って頑張って」という気持ちを表すため、まわりは野花をイメージしたナチュラルなグリーンでまとめました。

　7月は妹の誕生月です。子どもが二人いるようにはとても見えない、いつ見ても若々しくおしゃれな彼女ですが、とうとう40の大台に乗ります。妹は大学卒業後すぐに結婚し、二人の子どもに恵まれました。念願であった医師にもなり、それからずっと子育てと両立させながら激務をこなしています。所属する学会の賞もいただき、キャリアを着実に築きあげています。周りを巻き込むタイプなので、ハラハラすることも多かったのですが、私にはとても想像できない道をまっすぐに歩み続ける妹には、やはりすごいと畏敬の念を抱きます。小児眼科を専門にしているので、赤ちゃんや幼児を診ることも多く、成長した患者さんが、「先生のようなお医者さんになりたい」と言ってくれたという話を聞くと、私まで本当にうれしくなります。妹の患者さんの話を聞くことが私の楽しみの一つです。

　がむしゃらに生きながら、どこか繊細な面も持つ妹。不惑の年を迎えるお祝いに、夏らしいユリの花を中心とした花束を作ってもらえないでしょうか。感謝と謙虚さを忘れず、元気に働き続けて欲しいという私の願いも込めて。

田中有希さん（仮名）・42歳・女性・東京都在住・会社員

41歳、結婚決めたバリキャリの友へ

　彼女とは、医薬系の会社に入社して以来、21年の付き合いになります。入社したばかりの頃、人事担当者から「結婚したらすぐ辞めたい人？」と問われ、何のためらいもなく手を挙げたのが彼女と私でした。でも、彼女は頑張り屋で、恋愛も仕事も一生懸命。いつも明るく、ワインなどお酒も大好きな人です。バイタリティーもあり、30代前半で会社を辞め、アメリカの大学に2年間留学しました。帰国後は別の会社に就職し、今は医薬業界のプロモーターとして活躍しています。マネジャー職なので、海外との会議もしょっちゅう。忙しいのに愚痴も言わず、夜中も土日も仕事をしています。「結婚したらすぐ辞める」と言っていたのに、気がついたら仕事一筋（笑）。「結婚なんてまったく考えられない」と言っていました。

　でも昨年末、一緒に沖縄へ行ったとき、「入籍することになった」と打ち明けられました。相手は小学校の同級生とのこと。同窓会で再会し、トントン拍子に交際が始まったそう。そして半年足らずで結婚が決まりました。うれしい気持ちでいっぱいです。いつもお世話になっている彼女へ記念になるようなお花を贈りたいです。

川口麻美さん・41歳・女性・兵庫県在住・会社員

AZUMA'S SELECT
バラ、オンシジューム、チューリップ、カラー、コンパクター

ワイン好きのご友人とのことで、ボルドー色でまとめました。知的な印象を受けたので、思い切ってモダンなアレンジに。交差しているカラーの茎の束は、結婚するお二人の人生を表現しました。いかにもウエディングという雰囲気はありませんが、大人の女性への花束です。

2年前に旅立ったあなたへ

あなたは、学生時代から本音で話せる異性でした。ボランティアクラブで出会い、社会人になってからもボランティアサークルを一緒に続け、気づけば30年近い付き合い。ワイワイ騒ぐのが好きで、休みの日はみんなで遊びに行ったものです。サークルでは、明るいひまわりのような存在でした。そんなあなたは、2年前の暑い夏の日、大好きだった和太鼓の演奏中に倒れ、意識が戻ることなく旅立ちました。何の前触れもなく、突然のくも膜下出血でした。サークル仲間から「意識が戻らない」と電話で一報を受けたときは、まさかそのまま還らぬ人になってしまうとは想像だにしませんでした。

私は、いつも周りを楽しませていたあなたが大好きでした。もう2年、まだ2年……。あなたが旅立ったことを受け入れられず、いまだに手を合わせに行けません。ごめんなさい。いつか、思い出話ができるようになったら、笑顔のあなたに会いに行きたいと思います。まだ気持ちの整理がつかない私の代わりに、ご両親を元気にさせるような花束を作ってもらえないでしょうか。彼は周囲を明るくする人だったので、見るだけで明るくなるような花をお願いします。

工藤弘恵さん・45歳・女性・北海道在住・会社員

AZUMA'S SELECT
グズマニア、ダリア、ネリネ、ブバルディア、エピデンドラム、マリーゴールド、ピンクッション、カーネーション、ヒマワリ、ドラセナなど

お祭りや和太鼓が好きだった彼のイメージでにぎやかなアレンジにしました。中心に挿したグズマニアは、太陽のようだった彼の象徴です。それを囲むように仲間が寄り添うイメージです。元気になれる花束をという、工藤さんの思いを鮮やかな花に託しました。

妻へ。ようがんばったな。

半年ほど前、妻の父に末期がんが見つかりました。妻は看護師で、小学校1年生と4歳の娘がいます。仕事に育児に家事にと忙しい日々を送っていましたが、義父が入院してからというもの、土日は子ども二人を連れて病院へ通うように。小豆島の病院だったので、自宅から片道4時間近くかかる行程です。仕事も大変なのに、休む暇もない日々を過ごしていました。緩和病棟へ移ると、妻は「千羽鶴を折ろう」と、小さい折り紙を千枚買ってきました。それからというもの、夜になると子どもたちと一緒に鶴を折っていました。そして9月中旬、とうとう千枚の折り紙は千羽の鶴になりました。子どもたちと「これでおじいちゃんも元気になるね」と話していた矢先、義父は旅立ってしまいました。

妻と義父は、昔はあまり仲良くありませんでしたが、出産してから「こうやって自分も育ててもらったんだ」と思い、距離が近くなったそうです。父親を最後まで看取った妻へ、「ようがんばったな」という気持ちを込めて、花束を贈りたいです。疲れた心と体がふっと軽くなり、お父さんとの思い出がよみがえってくるような明るい花束をお願いします。

福田 亘さん・36歳・男性・岡山県在住・会社員

AZUMA'S SELECT

カトレア、バラ、フリージア、エピデンドラム、カーネーション、ガーベラ、トルコキキョウ、オリーブの葉、イタリアンルスカス

主役は美しいカトレアです。全体はパステル調にして明るい雰囲気にし、リーフワークに小豆島のオリーブの葉と、イタリアンルスカスを使いました。受け取ったときに素直によろこんでもらえるような、明るさと優しさのあるアレンジを意識しました。

療養中の大切な優しい上司に

Story 011 / 100

私が尊敬する上司は、75歳を過ぎてもフルタイムで働き、夏休みさえとったことがありません。自分には厳しいのに部下には優しく、サラリーマンの鑑のような方です。私が育休から復帰して間もない頃は、子どもが急な熱を出したり、病気になったりして早退や休暇が続き、焦っているときがありました。そんなときは、「今は子育てを優先して、どのような仕事が適当か考えてみてもいいのでは」と優しく声をかけてくださいました。そんな方が、いま3カ月近くも休まれています。肺の病気で入院し、2回手術をして自宅で療養中とのことです。これまでたくさん支えていただいたのに、何もできないことがもどかしいです。だから、せめて見るだけで穏やかな気持ちになれるようなお花を作っていただけないでしょうか。

職場は民間企業の法務部門です。上司は仕事柄、公平できちんとした方で、特定の色に染まっていない印象があります。山形の庄内平野のご出身で、大学は仙台だったそうです。可憐な花束というよりは、故郷のお花や和の穏やかなお花が似合うかもしれません。どうぞよろしくお願いします。

國吉 真紀さん・39歳・女性・神奈川県在住・会社員

AZUMA'S SELECT
ホトトギス、オグルマ、ナデシコ、ノイバラ、クサレダマ、ガーベラ、バラ、マリーゴールド、セダム、モントブレチアなど

派手でなく、穏やかな気持ちになるアレンジを目指しました。快気祝いにはイエローを使うことが多いですが、今回は緑や茶色も加え、全体的にナチュラルに仕立てています。目上の男性へのお花は難しいですが、シンプルなものなら、抵抗なくよろこんでもらえると思います。

一人で育ててくれた働き者の母へ

子どもの頃に貧しさを意識したことはなかったのですが、先日、たまたま母の源泉徴収票を目にしてびっくりしました。「どうやってこの収入で、3人の子どもを大学にまで行かせたの?」ただただ、疑問しか浮かびませんでした。小学校1年生のときに離婚して以来、母は一人で、私たち3人兄姉を育ててくれました。工場での仕事や看護師の助手のような仕事につき、53歳になる今も現役です。フルタイムで働きながら、毎日ご飯は手作り。掃除も行き届き、常に部屋の中はきちんとしていました。近所に頼れる人もおらず、年中行事も一人でやりくり。クリスマスには、必ず枕元にプレゼントが置かれていました。どれほど大変か想像できますが、母は愚痴らしき言葉を一度も口にしませんでした。そのおかげで、私には「貧しくて不幸だった」という記憶は1ミリもありません。今は子育てから解放されましたが、服装も地味で質素な暮らしをしています。そんな母へ、これまでの感謝を込めてお花を贈りたいです。未だに人生の主人公が自分だとは思ってない節さえありますが、「本当は華やかで誇り高い存在なんだよ」と気づいてもらえるような花束をお願いします。

清水 真理映さん・25歳・女性・神奈川県在住・飲食業

AZUMA'S SELECT
フリーセア、キングプロテア、アンスリウム、ダリア、ケイトウ、ガーベラ、カーネーション、バラ、ラン(アスコレット)

エピソードを読み、「赤い花だ」と直感的に思いました。赤は華やかさと気品、誇り高いイメージがあり、特別な気持ちを伝えられます。お母さまは普段は地味な洋服が多いということですが、きっと赤も似合うはず。堂々と受け取って頂きたいです。

夭逝した弟の曲に気持ちを託して 両親へ

Story 013 / 100

AZUMA'S SELECT
ムギ、エノコログサ、ノーブルリリー、グリーンベル、エピデンドラム、ユーカリ、ヒカゲカズラ、バイモユリ

弟さんのバンド、「初恋の嵐」の曲を聴いて作りました。デビューも決まっていたのに残念です。今回はご両親へのお花ですが、弟さんへのオマージュをテーマにしました。さわやかさと、尖ったところがあるようなバンドの雰囲気をグリーンと白で表しました。

　今から14年前、弟が25歳の若さで急逝しました。なんの前触れもない、急性心不全でした。あのときのことはショックが大きすぎて細かい記憶がありません。弟はミュージシャンで、メジャーデビューが決まっていました。なのに、1枚目のアルバムのレコーディングの日に逝ってしまったのです。弟は明るい性格で友達が多く、バンドでは作詞作曲、ボーカルを担当。すてきな詩や歌をたくさん残してくれました。亡くなってからは、バンドメンバーや友人、ファンの方々が実家を訪れ、お墓参りをしてくれています。弟がつないでくれた人々の存在が今も両親を支えてくれています。
　私は弟が亡くなった年に結婚し、子どもに恵まれました。両親が心配だったので、一時期は実家の近くで生活をしていましたが、最近は夫の仕事の関係で海外生活が続いています。そこで、親孝行ができないおわびと感謝を込めて両親へお花を贈りたいです。来年1月が金婚式なので、そのお祝いもかねて……。できれば弟のバンド「初恋の嵐」にちなんだアレンジをお願いします。私の好きな曲、「真夏の夜の事」を聴いて、イメージしてくださると光栄です。

星野真理子さん・47歳・女性・インドネシア、ジャカルタ在住・元会社員

姉のような職場の上司に感謝とエールを

　10年ほど前に転勤してからお世話になっている上司は、姉のような存在です。年齢はちょうどひとまわり上。私の育児の悩みや、夫や親にさえ言えない悩み、日常の些細な愚痴など、なんでも聞いてくれる、私の心の支えです。彼女は今年、ご友人、ご親戚、飼っている猫ちゃんを相次いで亡くされました。悲しく辛い日々だったと思いますが、ずっと気丈に振る舞っていました。彼女はいつも強く、明るく、どんなときも弱さは見せません。同時にとても心優しい人で、どれだけ助けられたかわかりません。

　先日、そんな彼女から「夢がある」というお話を聞きました。昔から料理やお酒が大好きで、いつかお店を持ちたいのだそう。5、6年前から畑でいろいろな野菜を育て、近所の朝市にも出しているようです。サーフィンが趣味で、パリには毎年のように行き、インドネシア料理の勉強もしているといいます。仕事を一生懸命やりながら、夢を叶えるために頑張る姿は、エネルギーに満ちあふれています。つらい思いをされた分、それをバネにして、少しでも夢に近づいてほしいです。そんなステキな上司にエールを込めてエネルギッシュなお花を贈りたいです。

今井はなさん(仮名)・37歳・女性・神奈川県在住・会社員

AZUMA'S SELECT

ザクロ、ヒメリンゴ、ブロッコリー、モンキーバナナ、アーティチョーク、ライム、キンカン、アボカド、カーネーション、エピデンドラム、ガーベラ、シャクヤク、バラ、サンキライの実、バーゼリアなど

食べることが好きとあったので、フルーツバスケットのようなアレンジにしました。意外とフルーツと花の相性はいいんです。僕は野菜やフルーツをアレンジに使うのが好きで、クリスマスシーズンは、赤いザクロやリンゴをよく使います。花にはない質感が幅を広げてくれます。

パティシエとして頑張ってきた優しい妹へ

　ある秋の日、妹から突然電話がありました。父が事故で亡くなったという知らせでした。そのとき私は海外で働いていたのですぐには帰国できず、翌朝一番の便に乗り込みました。亡くなったその日、母と妹は5時間かけて自宅から父の元へ向かい、父と対面したそうです。親戚や父の会社への連絡など、動転する母の代わりに妹が全部一人で対応してくれました。聞くのもつらい事故当時の様子なども、妹は私に正確に伝えなければと、必死にメモを取ってくれていたそうです。葬儀と初七日法要を終えると、私は仕事へ戻りましたが、それ以来、妹は母を支え、今日まで頑張ってくれています。

　妹はお菓子作りが大好きで、大学を出てからはパティシエをしていたのですが、先日持病の腰痛が悪化し、仕事を続けることができなくなってしまいました。今は丸の内で派遣OLとして働いています。妹は子どもの頃から優しい性格でしたが、父のことがあってからは、思いやりの塊のようです。そんな彼女へ言葉では表せない感謝の気持ちをお花で伝えたいです。マカロンのように、カラフルでありながらも繊細な色の花束を作ってもらえないでしょうか。

鶴田るみさん(仮名)・39歳・女性・カナダ在住・大学教員

AZUMA'S SELECT

カトレア、チューリップ、ダリア、ピンクッション、ラナンキュラス、セダム、ラン、フリージア、スイートピー、ライラックなど

全体のイメージはマカロンです。マカロンの色は、カラフルでやわらかく、繊細。色がきつくならないよう、複色の花を多用しました。縁取りはリーフワークではなく、たっぷりの白いスイートピーとライラックで。クリームをイメージしてふんわりと仕上げています。

天国の母に伝え続けたい「ありがとう」

母はいくつになっても少女のように純真で、愛らしい女性でしたが、青春時代は太平洋戦争に奪われ、途方もなくつらい思いをしました。「戦争さえなければ、全く違う人生を歩めたのに」と、語り尽くせぬ経験をたくさん話してくれました。敗戦後、何もない焼け野原の東京で、母は家族の面倒に明け暮れ、自分の時間などなかったはずですが、いつも惜しみない愛情で私たち4人兄妹を育ててくれました。72歳で水泳とフラダンスに出会ってからは、「ようやく自分のために生きられるわ」と楽しそうでした。フラダンスの華やかな衣装がうれしかったようで、はにかみながら衣装を着てみせてくれたり、踊りを披露してくれました。でも、73歳でガンを発病し、腎臓を一つ切除。回復したものの、3年後に転移。80歳で命をかけた大手術をしました。ずっと母と暮らしていた私は、晩年の3年間、仕事と母の世話に明け暮れました。

母が他界して5年。今も悲しみは癒えません。大好きな母へ、改めて感謝の花を贈りたいです。秋になると、チューリップの球根を一緒に庭で植えていました。思い出のチューリップを使った花束を作ってもらえないでしょうか。

横山英子さん・53歳 女性・東京都在住・会社員

Story 016 / 100

AZUMA'S SELECT
チューリップシード、レースフラワー、センニチコウ、ナズナ、グリーンベル、カンガルーポーなど

残念ながらチューリップが手に入らない時期だったので、チューリップシードを7つ入れました。全体のイメージは"元気の出る初夏の庭"。薄いグリーンを重ね合わせ、風にそよぐ庭のような花束を目指しました。祭壇に飾っても邪魔にならないように仕上げています。

テレビでも活躍する気象予報士の同級生に

　彼と私は高校、予備校、大学が同じで、節目ごとにみんなで集まる友達の一人です。でも、就職してからはお互いに音信不通でした。

　私は就職から1年半で寿退社。相手がインド人だったので、これまで足掛け6年、インドで暮らしてきました。現地ではハイテクとは無縁だったので、"浦島花子"状態で帰国。「みんなどうしているのかなあ」と、半年前くらいにフェイスブックのアカウントを作りました。中高時代の友達とつながることはできたのですが、彼だけは見つからず。ある日なんとなく検索してみると、ウィキペディアで名前がヒットしました。開いてみると、彼は2004年に気象予報士の資格を取得、13年からは全国版のニュースでキャスターとして活躍しているとのこと。びっくりしました。確かに彼は、高校のクラス会で「気象予報士になってテレビに出る」と語っていたのです。夢を語る人はいても、実現する人はそう多くはありません。太谷智一さん、おめでとうございます。夢をかなえた人が身近にいたと知り、とても勇気づけられました。3月が誕生日のようなので、気象予報士になったお祝いもかねて花を贈りたいです。

高倉沙也子さん(仮名)・39歳・女性・愛知県在住・主婦

AZUMA'S SELECT
アジサイ、キセログラフィカ

空をイメージしてアレンジしました。メインのブルーのアジサイは一房が大きいので、三つほどに分けて挿しています。トップに乗せたキセログラフィカは、エアープランツの"エアー"と空をかけました。男友達に贈るお花なので、あまり重くならないようにしました。

AZUMA'S SELECT

ヒヤシンスの球根、ゼンマイ、
ハナエンジュ、ヒカゲ

今回はヒヤシンスの球根を10個入れました。僕も個人的に球根が大好きです。"生命の塊"のような強さを感じます。斬新なものをご希望だったので、中心にはゼンマイを、根元にはハナエンジュというマメ科の植物を使いました。ヒカゲを加え、ボリューム感を出しています。

行きつけの小さな花屋のお兄さんに

　私は花が大好きです。それはおそらく96歳で他界した祖母の影響です。祖母はガーデニングに夢中で、庭にはたくさんの花がありました。祖母の家へ行けばいつもいろいろな花をもらえたので、花を買う必要もありませんでした。

　でも、祖母が亡くなってから庭は荒れ放題。花が枯れるのと同じように、私の心も寂しさでしおれ、しばらく花から遠ざかった生活を送っていました。そんなとき、近所に小さなお花屋さんができました。ごくごく普通のお店なのですがアットホームで、店主らしきお兄さんが「ゆっくり見て行っていいよ」と声をかけてくれます。それからというもの、週1回は立ち寄るようになりました。行くたびに、お兄さんは花の名前や育て方を教えてくれます。

　この新しい出会いで、生活に"華やぎ"が出てきた気がします。私に再び花の素晴らしさを教えてくれたお兄さんに、感謝の気持ちを込めて花束を贈りたいです。彼は40代で、赤いTシャツを着ていることが多いです。好きな花はアマリリスだそう。花屋さんに花を贈るなんてちょっと変かもしれませんが、思い切って斬新な花束を作っていただけたら、うれしいです。

岩橋 尚子さん・41歳・女性・東京都在住・会社員

自分らしさに悩む花屋の女友達へ

彼女と出会ったのは、新卒で入社した花の会社です。たまたま同じ店に配属になり、すぐに仲良くなりました。とても気が合い、お互い「ずっと前から友達でいたような気がする」と思ったほどです。平日は深夜まで働き、週末もウエディングの仕事が入り、とてもつらい職場でしたが、頑張ることができたのは彼女のお陰でした。仕事のあとは毎日のように終電までスタバで語り合い、不満も喜びも共有しました。そんなかけがえのない友達がいたから、仕事に対していつも全力で向かっていけたのだと思います。

私はわけあって2年前に花の世界を離れましたが、彼女は今でも頑張っています。でも先日、彼女はこうつぶやきました。「私の作る花って、クライアントのイメージを形にしているだけで、本当の自分らしさがない」。毎日、お客さんの望みに合わせて花を作り続ける中で、もともとはどんなアレンジが好きで、どんなものを作りたかったのか、わからなくなってしまったというのです。

そこで、悩んでいる彼女へ、エールを込めて東さんのお花を贈りたいです。花は昔からグロリオサが好きだそうです。

新田大航さん・31歳・男性・東京都在住・会社員

AZUMA'S SELECT

グロリオサ、マム、バラ、セダム、ガーベラ、ケイトウなど

花屋の仕事で忘れてはならないのは、お客さんの依頼ありきということ。自分らしさは探すものではなく、相手によろこんでもらおうとするなかで生まれてきます。今回はグロリオサをメインにアレンジしました。枯れ始めたら、その奥に隠れている花がぐっと前に出て、新たな視点で楽しめます。

娘へ あの日から5年、希望の花束を

AZUMA'S SELECT
ユリ（アスカ）、サンキライ、
グリーンベル、ナデシコ、
ブルーベリー、ゼラニウムなど

佐々木さんの経験されたことは、想像を絶します。お子さんをある日突然失った悲しみは、はかりしれないものでしょう。そんなときだからこそ、そっと寄り添えるのがお花なのかもしれません。今回は、明日香さんの名にちなみ、アスカというユリをメインにアレンジをしました。

　あの日の朝、娘を幼稚園に送り出したとき、こちらを振り向いた顔が最後になるとは思いもしませんでした。2011年3月11日、午後2時46分。経験したことのない大きな地震が石巻を襲いました。そして揺れが収まると、石巻市の日和山の中腹にある幼稚園から、1台の通園バスが海側へ下りていきました。その後、バスは津波と火災に巻き込まれ、幼い園児5人が亡くなりました。その中の一人が、私の次女、明日香です。今も心にぽっかりと穴があいてしまい、何をやってもふさがりません。当時6歳だった明日香は、家族のムードメーカーでした。明日香はいつも楽しみと笑いをくれたのに、私は何をしてあげられたんだろう……。土日も仕事をしていたので、家族で遠出をしたこともありません。毎日慌ただしく、十分に時間をとってあげられなかったのが心残りでなりません。

　今は、明日香のいない日々を、買い物や旅行で埋めています。でもそれでは意味がありません。違う形で前へ進めるきっかけとなる花を作ってもらえないでしょうか。明日香は緑やキラキラしたものが好きでした。あれば、明日香という名のユリも入れてもらえないでしょうか。

佐々木めぐみさん・36歳・女性・宮城県在住・主婦

帰省したその日に亡くなった祖母へ

7月に最愛の祖母が96歳で亡くなりました。祖母は、私にとって常にインスピレーションを与えてくれる、お洒落でユーモアあふれる人でした。私はデンマークに住んでいるので、頻繁には会えませんでしたが、2年前に祖母が脳溢血で倒れ、半身不随となってからは、半年ごとに帰国してお見舞いに行っていました。今年に入ってからは容体が思わしくなく、去年の冬に帰省したときは、「次会うときまでもつかどうか」と言われました。そしてこの夏……。帰省した日、すでに集中治療室で目を閉じていた祖母のもとへ駆け寄ると、ぱっと目を見開きました。話しかけると、言葉は発せられないものの、祖母の目から涙があふれ出しました。亡くなったのは、その日の夕方です。祖母は私を待っていてくれたんだ、と思わずにはいられませんでした。悲しみと喪失感に襲われましたが、お葬式の席では、遠い親戚や祖母の知人を知ることができ、祖母が引き合わせてくれたご縁に感謝の気持ちでいっぱいになりました。「今までどうもありがとう。これからは天国でおじいちゃんと一緒に家族をお守り下さい」。そんな気持ちを込めて、祖母にお花を贈りたいです。

小松弘実さん・41歳・女性・デンマーク在住・会社員

AZUMA'S SELECT
クルクマソウ、バラ、ダリア、カラー、ケイトウ、リンドウ、モントブレチアの実など

おばあさまはシャキッとしたかっこいい女性だったのではないかと感じ、シックな和のテイストでまとめました。全体の色合いはパープルからブルーのグラデーションです。仕上げに挿したのはモントブレチアの実。ユーモアあふれるおばあさまへのモダンなアレンジです。

頑固で厳しくて仕事一筋「鉄腕」のお父さんへ

父は仕事一筋の人間で、私が思春期になってからというもの、家でほとんど顔をあわせたことがありませんでした。しかも頑固で厳しく、たまに顔をあわせると説教ばかり。長女の私には特に厳しく、勉強しなさいと口酸っぱく言われました。また、吹奏楽部の練習で帰宅が22時を過ぎると、「何時やと思ってるんや！ そんなの辞めてしまえ」と一喝。成績は割といい方でしたが、一度も褒められたことはありません。私も父親譲りで頑固だったため、衝突が絶えず、本音で向き合うこともありませんでした。

そんな父との関係が変わり始めたのは、私が結婚してからです。さらに子どもが生まれると、父の性格が一変。すっかり好々爺になりました。父は今年63歳。ありがたいことにいまだに現役で働いています。「部下に鉄腕と言われた」と、ある日うれしそうに語っていました。

普通なら退職のときに花束を贈るのでしょうが、私はバリバリ働いている父が好きです。だから今、これまでの感謝とエールを込めて花束を贈りたいです。仕事人間の父の趣味はゴルフくらいです。枝モノや盆栽など和風の渋いアレンジをお願いできないでしょうか。

谷口綾希子さん・27歳・女性・大阪府在住・公務員

AZUMA'S SELECT
トクサ、ナデシコ、リョウブ

ビシッと渋く3種類の植物でまとめました。ナデシコは、お父さんがゴルフ好きとのことだったので、ゴルフ場の芝生をイメージして。リョウブの花が咲くと、全体の雰囲気も少し変わるはず。和室においてもしっくり合い、年配の男性も照れずに受け取りやすいアレンジです。

福岡に離れて暮らす3人の姫たちへ

　私の元気の源は、かわいい3人の姪(めい)です。いちばん上は中学3年生、その下が2人とも小学校6年生。私が3年前に転勤で福岡から関東に引っ越してくるまでは、みんなでしょっちゅう会っていました。

　私は管理栄養士の資格があり、食品開発を仕事にしているほどの料理好きです。姪っ子たちは、私が作る料理やお菓子を気に入ってくれて、毎年バレンタインデーの前にはみんなでチョコレートを作っていました。私が引っ越してからも「今年はこんなのを作ったよ」とメールをくれます。一人暮らしで子どももいない私にとって、彼女たちとのやりとりは生きる励みです。最近は忙しくてなかなか福岡には帰れませんが、誕生日には必ずお祝いの連絡をくれます。

　今年は3人とも受験生。これからの人生、強くたくましく優しい女性となり、未来を切り開いていって欲しいという気持ちを込めて花を贈りたいです。3人はピンクや紫でふんわりとした感じが好き。福岡に住んでいた頃は近所に大きなミモザの木があったので、ミモザを見るとあの頃を思い出します。これからも大好きな姫たちと、素敵な絆を築いていけたらいいなあ……。

御舩周子さん・47歳・女性・神奈川県在住・会社員

AZUMA'S SELECT
チューリップ、スイートピー、ミモザ

3人の姫へのお花なので、ピンク、紫、黄色の3色でまとめました。ピンクはチューリップ、紫はスイートピー、黄色はミモザです。短く切ってぐるりとまわりにたくさん挿しました。ミモザは普段はあまりアレンジには使いませんが、春の花を引き立て、かわいらしい印象にします。

病気とつきあいながら育ててくれた母に

Story 024 / 100

私は子どもの頃、"普通のお母さん"に憧れていました。私の母は、ちょっと"普通"と違い、時々パニックになって大声で叫んだり、泣き出したり、モノに当たったりしていたのです。母は3人の子どもを育てながら公務員としてフルタイムで働いていましたが、私が小学校1年生の頃に精神科へ通い始めました。その後「境界性人格障害」と診断され、私が中学生のときには精神障害者福祉手帳2級を取得しました。薬を飲んでいるせいか、うつろな目をしていて、授業参観日には"変なお母さん"として友達にからかわれましたが、本当の理由は言えませんでした。入院すると正直少しほっとしました。その後、大学生になってボランティアを始めたことがきっかけで、私は障害者支援に関わる仕事につきました。障害を持つ方と接する中で感じるのは、周囲の人に当たったりパニックを起こしたりしてしまう人は、本人もつらい思いをしているということです。今になって、母は病気で大変な中、私たちに精一杯の愛情を注いでくれたことに気がつきました。そんな母へ、感謝の花束を贈りたいです。母と亡き父が好きな赤を使ってまとめてもらえないでしょうか。

AZUMA'S SELECT
ダリア、カルミア、ジンジャー、カーネーション、ナデシコ、ジニア、バラ、ブバルディア、ベルテッセン

赤一色でまとめました。一体感を大切にしたかったので、リーフワークは入れていません。まわりには、カルミアやナデシコの葉を効果的に使いました。赤は質感や種類、組み合わせによって、色っぽくもかっこよくもなる色。今回はやわらかい赤を感じていただけたら。

大島紀子さん(仮名)・26歳・女性・神奈川県在住・生活支援員(障害者施設勤務)

シングルマザーになった29歳の娘へ

29歳の娘が3月に出産しました。シングルマザーです。彼女は大学卒業後、5年間新聞社で編集者として働いていましたが、貯金してパリへ行くという夢がありました。昨年、付き合っていた恋人とも別れ、とうとう念願だったフランスへ。私は私で自由な一人暮らしを満喫する予定でした。ところが渡仏して1カ月後、別れた恋人の子どもを身ごもっていることが判明。つわりがひどく、ホームステイ先の料理も喉を通らないような状態でした。夢を抱いてパリへ行った矢先のこと。いろいろな選択肢が頭をよぎりましたが、娘は「産みたい」と宣言しました。「エコーで赤ちゃんをみたとき、自分の中に生命が宿ったことに感動した」と言うのです。

帰国後、相手とも相談し、子どもは我が家で育てていくことに。仕事を辞めていたので、娘は無収入です。私も楽ではありません。

娘は世界で羽ばたきたかったはず。葛藤もあったと思いますが、今は強い意思で育てていこうとしています。大きな決断をした彼女にエールの花束を贈りたいと思います。娘は、一見ピンクのスイートピーが似合いそうなふんわりとした雰囲気ですが、芯の強いところがある子です。

大木桃子さん・58歳・女性・福岡県在住・パート勤務

AZUMA'S SELECT
スイートピー、エクメア

ピンクのスイートピーとエクメアだけでアレンジしました。スイートピーは、娘さんの"ふんわりとした感じ"を、エクメアは"芯の強さ"を表しています。「花から花が生まれてくる」ようにも見える、いい香りの花束です。娘さんにたくさんの幸せが訪れますように。

隠し子の秘密抱えて育ててくれた母へ

先日、62歳の父に隠し子がいることがわかりました。30年間隠していた事実です。子ども3人が自立し、それぞれの家庭を持った今、母がすべてを打ち明けました。ただ、私にだけは伝えるかどうか迷ったそうです。その隠し子は私と同い年だったからです。私は衝撃を受け、あらゆる感情があふれました。父がそんな人間だったのかという思い、苦しみを胸にしまって育ててくれた母への感謝、自分は必要とされていなかったんじゃないかという気持ち、優しい父との思い出……。父が3年前にガンを患ったときは、母と私が毎日髪を洗い、体を拭き看病しました。父には夫以上に愛情を注いできました。だからこそ、父の行為が理解できません。一方で、母の気持ちはよくわかります。当時は離婚も考えたそうですが、私を産み、家族を守る決心をしたそうです。おかげで、私たちは何も知らずに楽しく過ごしてきました。

30年もの間、重い秘密を一人で背負い、私たちを育ててくれた母へ、お疲れさまとありがとう、ごめんねという思いを込めてお花を贈りたいです。母は野に咲く花が好きです。白やグリーンなどシンプルな花束をお願いします。

篠田夕子さん(仮名)・31歳・女性・福岡県在住・会社員

AZUMA'S SELECT
フリージア、カラー、エピデンドラム、スカビオサ、スイートピー、ブバルディア、ラナンキュラス、ミント、キャンディータクト、ランの葉、ルスカス、ハランなど

お母さんは、優しくて芯の強い方なのでしょう。今回はご希望に合わせて、白とグリーンの上品なアレンジにしました。また、ミントなど庭にあるような植物も加え、"野に咲く花"を摘んできたばかりのような雰囲気を意識しました。

「韓国でアイドルになりたい」決断した娘へ

高校の推薦を受けて大学も決まり、あとは卒業を待つだけとなったとき、娘から突然「韓国でアイドルになりたい」と告げられました。

聞けば、ずっと憧れはあったものの、親に反対されるのもわかりきっていたので、言い出せずにいたとのこと。卒業が近づくにつれ、「やっぱり諦めたくない」という気持ちが抑えきれなくなり、涙を浮かべながらの告白でした。すでに貯金を全部つぎ込み、ボーカル、ダンス、韓国語の学校へも通い始めていました。

あまりに思い詰めた様子と情熱に、私は反対することができませんでした。本当は親として止めるべきなのかもしれません。でも、このまま大学へ行って就職することがこの子の幸せなんだろうか?という思いで私は立ち止まってしまったのです。大学を出ても、好きな仕事にはつけない時代です。夢があって、がむしゃらに前へ進もうとしている娘を前に、成功の可能性なんてどうでもいいのかな、という気持ちになりました。安全な方向へ導こうとする親が、必ずしも子どもを幸せにするとは限りません。これまでで一番大きな決断をした娘へ、東さんの花束で背中を押してあげたいです。

伊藤まゆみさん・49歳・女性・埼玉県在住・会社員

AZUMA'S SELECT
ダリア、カーネーション、スイートピー

娘さんの気持ち、よくわかります。僕も若い頃は夢がたくさんありました。結局、何事もやってみないとわからないもの。成功の確率が低くても、始める前にあれこれ考えてもしょうがない。今回はエールを込めて、真っ赤な花でまとめました。大輪の花を咲かせてほしいです。

AZUMA'S SELECT
ユリ（シベリア）、
グリーンキャビア、スマイラックス

結婚20周年の記念は、「ユリ返し」でどうでしょう。つぼみの数は全部で50以上あります。時間が経つにつれて花が咲き、華やかになるはず。とはいえ、男性への花なのでシンプルに。色は白とグリーンでまとめ、花材も3種類に抑えました。ステキな夫婦関係が続きますように。

「短編恋愛映画」を贈ってくれた夫へ

　私たち夫婦は結婚20年を迎えました。彼は私より12歳年上で、映画好きが集まる会で知り合いました。結婚生活を振り返るといろいろなことがありましたが、いつまでも色あせない記憶が一つあります。何度目かのデートのときのこと。待ち合わせは六本木の本屋さんでした。私の方が先に着いたのでドアの方をちらちら見ながら待っていると、麻のスーツを着て、長いカサブランカの花束をお姫様抱っこした彼が入ってきたのです。当時、古い映画が大好きだった私。まるで映画のワンシーンのようで、彼の動きがスローモーションのように見えました。後日、「なぜカサブランカを長いままにしていたの？」と聞くと、「切ってしまったらかわいそうだから」と。私はお姫様抱っこされたことはありませんが（笑）、おそれ多くもカサブランカを自分に見立てての疑似体験をしました。私だけの短編恋愛映画です。

　彼は華美なことが苦手で、記念日なども「特別なものはいらないよ」と言っています。でも、結婚20周年のお祝いに、今度は私が彼を映画の主人公にしてあげられたら、と思いました。どうぞよろしくお願いいたします。

北　尚子さん・46歳・女性・東京都在住・主婦

今年だけ、きょうだい４人全員が背負うランドセル

　４人の子どもと暮らすシングルマザーです。長男が5歳のときに離婚してからというもの、たくさんの人に支えてもらってきました。この4月から長男は小学校6年生、長女は4年生、発達障害のある次男は3年生、末っ子の次女は1年生。全員がランドセルを背負います。長男は成績優秀で優しく、精神年齢が大人。今では私のよき相談相手です。長女は頑張り屋さんで勉強もお手伝いも一生懸命。家事だけでなく、下の子の面倒もみてくれる"お母さん"的存在です。次男は、運動神経はピカイチですが、いわゆるLD（学習障害）で、文字の読み書きが苦手。でも、いつも私に違う視点を教えてくれます。一番下の次女は、とにかく甘えん坊。わがまま放題ですが、感受性が豊かで、いつも私を笑顔にしてくれます。こんな4人の子どもたちは、生きる意味がわからなかった私に、育児という使命を与えてくれました。そして、命の愛おしさ、はかなさを教えてくれました。

　我が家は今年、全員がランドセルを背負うアニバーサリーイヤー。記念に東さんのお花を贈ってもらえないでしょうか。長男は黒、長女はピンク、次男は緑、次女は青が好きです。

川崎有子さん（仮名）・33歳・女性・千葉県在住・接客業

AZUMA'S SELECT
フリチラリア、スカビオサ、ゼンマイ、多肉植物、カーネーション、ガーベラ、ダリア、チューリップ、ラナンキュラス、ナデシコ、シキミア、パフィオペディラム、ルピナス、アイリスなど

女性の美しさはよく花にたとえられますが、前向きな生命力も花に似ているのかもしれません。今回は、ご依頼主の前向きさと、お子さんたちへの愛、和気あいあいと暮らしているご家族にフォーカスを当ててアレンジをしました。それぞれのお子さんの好きな色をすべて使っています。

心はそばに、祈りを込めて胃ガンのママ友へ

Story 030 / 100

AZUMA'S SELECT
ダリア、ベルテッセン、ガーベラ、ニゲラ、カーネーション、トルコキキョウ、バラ、ブルースター、ピンクスター、アスチルベ

ピンク、イエロー、ブルーと色のご希望があったので、それらの色の花でまとめました。どれもやわらかいパステルカラーなので、優しい気持ちになります。小花をたくさん使っていますが、単調にならないように、ダリアやバラをアクセントにしました。

　彼女と知り合ったのは、4年ほど前のこと。子どもたち同士が同級生でした。同じマンションだったこともあり、よく一緒に遊んだり、ランチに行ったり……いわゆる仲のよい"ママ友"です。ところが昨年の夏頃から、彼女は「ご飯が食べられない」と言うようになり、11月には体調を崩して入院してしまいました。とても心配で、何度もメールをしたのですが返信はありません。3カ月ほど経って退院し、授業参観で久しぶりに会ったときに、彼女から「末期の胃ガンなの」と告げられました。転移して手術ができず、入院中はつらい抗ガン剤治療をしていたとのこと。それでも彼女はいつもと変わらない笑顔で「大丈夫よ〜」と言っていました。

　今は、体調がよいときにはうちで楽しくおしゃべりしています。彼女は私の前ではいつも明るく、「そう簡単に死にゃあしませんよ」と笑っています。でもきっとつらくて眠れない夜や、痛みに耐えきれないときもあるはずです。彼女に安らぎと、諦めないでという祈りを込めて花を贈りたいです。ピンクが好きなので、ピンクやイエロー、ブルーなどパステルカラーでまとめてもらえないでしょうか。

星野さおりさん・35歳・女性・神奈川県在住・パートタイマー

8年越しで通うヘアサロンの美容師に

20代後半まで髪形に頓着することがなく、美容院を転々としていました。でも、今の美容師さんに出会ってからは、8年間、彼女に髪を切ってもらっています。カットが上手なのはもちろん、それと同じくらい彼女の人柄に惹かれています。仕事ぶりや会話の端々から美容師の仕事を心から愛し、多くの人によろこんでもらいたいという思いが伝わってくるのです。彼女はいつも穏やかな笑顔を浮かべていて、話が上手。ストレートに気持ちを表現しますが、"お茶目ボーイッシュ"なので、思わず笑ってしまいます。そして会話の中で必ず仕事や生き方のヒントをもらえて、帰る頃には穏やかで晴れ晴れした気持ちになるのです。まるで、私の髪からすべてが伝播しているのではと思うほど。今でも覚えているのは「口角を上げると、嫌なことがあっても気持ちが楽になるよ」という言葉。疲れ切って、表情が硬くなっていたのでしょう。効果はてきめん。彼女に会うのは月1、2度のカットのときだけですが、これまで多くの力をもらいました。そこで、感謝の気持ちを込めて花束を贈りたいです。彼女のプライベートサロンには観葉植物がたくさん飾ってあります。

坂本雪さん(仮名)・34歳・女性・大阪府在住・会社員

AZUMA'S SELECT
セローム、ヤシ、ハスの実、ジンジャー、カーネーション、ナデシコ、ジニア、マム、ヒペリカムの実、エリンジウムなど

きっとステキな女性なのでしょう。サロンに置けるよう、グリーン一色のアレンジにしました。濃いグリーンだと硬い雰囲気になってしまいますが、女性への花束なので浅いライトグリーンに。多肉植物は、花が終わったあとも植え替えて楽しんで欲しいと思います。

AZUMA'S SELECT
ダリア、ラナンキュラス、フリージア、チューリップ、エピデンドラム、マリーゴールド、ワックスフラワーなど

ダリアなど着物の柄のような大ぶりの花を中心に使ってアレンジしました。全体の色は、着物の色と同じ、赤と山吹色をポイントにしています。全体的に華やかな雰囲気ですが、ところどころにスモーキーな色も加え、落ち着きも感じられるアレンジにしました。

成人する孫に振り袖を仕立ててくれた母に

母といえば、和裁をしている姿が目に浮かびます。私が小学生くらいの頃から和裁の学校へ行き始め、最終的には教室まで開いていました。1年に100枚ほど着物を縫っていた時期もあり、家ではいつも手を動かしていました。ミシンは使わず、すべて手縫いです。高校生の頃、ふとした瞬間に母の右手に目が留まったことがあります。人差し指が変形していたのです。「この指のお陰で自分があるんだ」と思ったのを覚えています。私は高校で1年、大学で3年間アメリカへ留学しました。普通のサラリーマン家庭だったのに4年も留学できたのは、母が和裁で助けてくれたから。今は留学中に出会った人と結婚し、アメリカで暮らしています。

母にガンがみつかったのは7年前。すでにかなり進行していたのですが、奇跡的に克服しました。3年前に父を看取り、昨年ガンが再発。入退院を繰り返し、腸ろうで栄養をとっています。そこまでして母が「生きたい」のは、初孫である私の娘の成人式があったから。母は妹の成人式で縫った赤と山吹色の着物を仕立て直してくれました。そんな母へ、感謝の気持ちを込めて花束を贈りたいです。

前川英樹さん・50歳・男性・アメリカ在住・日本語補習校教師

厳しかった父に、真っ赤なバラの花束を

今年88歳になる父は鹿児島県出身で、昔から自分にも他人にも厳しい人。特に言葉遣いや立ち居振る舞いにうるさく、ら抜き言葉がダメなのはもちろん、父に話しかけるときは敬語でなくてはいけませんでした。子どもたちだけでなく、母さえもです。テーブルに肘をついたり、目上の人の前を横切ったりすると、その都度怒られました。もう一つ大変だったのが門限です。大学生の頃は22時、社会人になってからは23時。柱時計の鐘が鳴り終わった瞬間までに帰らないと"門限破り"です。一度、夜中の1時半頃に帰ったときは、父は寝ずに私を待っていて、そこから3時間、夜が明けるまでお説教でした。一方、結果が伴わなくても、努力すれば怒ることはなかったし、努力に対するサポートはたくさんしてくれました。今となっては、生活のベースは父が教えてくれたのだと思います。

そんな父へ、これまでの感謝を込めてお花を贈りたいです。父は大学の教員で、研究のためアメリカに住んでいたこともあります。また、結婚記念日には赤いバラの花束を母にプレゼントしていました。バラをメインに、海外の雰囲気を感じられるような花束をお願いします。

池谷尚子さん(仮名)・47歳・女性・千葉県在住・会社員

AZUMA'S SELECT

バラ(アマンダ、レッドエレガンス、ブラックビューティー)、ブラックベリー、ビバーナムティナス、ノイバラの実、バーゼリア、プロテアなど

「バラをメインに海外の雰囲気で」とのことだったので、中心に赤いバラを詰めました。そして周りに挿したのが、数種類の実モノ。バラと実もののみの組み合わせはなかなかないですが、相性はいいです。バラは派手になりがちですが、男性に贈る花だったので、シックに仕上げました。

「山ガール」に山を教えてくれた先輩へ

Story 034 / 100

AZUMA'S SELECT
ユキヤナギ、スズラン、チューリップ、アネモネ、クリスマスローズ、ナデシコ、スカビオサの実、グリーンボール、セダム、ナルコラン

「山の風景」を想像して作ってみました。さわやかな風が吹いているイメージです。思い出のユキヤナギを中心に白やグリーンでまとめましたが、自然の風景がテーマなので、いろいろな植物が入っています。今回は男性へ贈る花なので、ダイナミックな印象に仕上げています。

　ある日、職場で1度も話したことのない先輩が、山でよく使われるチタンのカップを使っていることに気がつきました。山に登り始めたばかりの私は興味を持ち、思い切って話しかけてみました。　すると予感は的中。彼は一人でどこにでも行ってしまう山好きでした。富士山くらいしか知らないミーハーな私と違って、彼は丹沢、奥多摩、八ヶ岳などいろいろな山を知っています。親しくなってからは、山歩きに連れて行ってもらうようになりました。山の景色は一緒に歩く人によって変わります。昨年春山を歩いたときは、「ユキヤナギがきれいだね」という先輩の一言で、私にとってその山は白いユキヤナギが印象的な山になりました。　夏には、テント泊をしてみたい、という私の夢を叶えてくれました。外で作る食事の楽しさ、ランタンの優しい光、燧ヶ岳からの眺望……。あの時間を一生忘れることはないでしょう。

　先輩のおかげで、さらに山歩きの楽しさを知りました。いつも山では教えてもらってばかりなので、お礼の花束を贈りたいです。山で出会うすばらしい景色に見合うような、野草をたくさん使ったお花を贈れたらうれしいです。

佐久間恵子さん・37歳・女性・神奈川県在住・会社員

私のもう一人の母 みっちゃんへ

物心ついたときから、私には"母"が二人います。一人は本当の母、そしてもう一人は母の10歳年上の姉、みっちゃんです。早くに両親を亡くした母にとって、彼女は親代わりでもありました。母が結婚して私が生まれると、みっちゃんはいつも私たち家族を支えてくれました。

私にはもったいない12段飾りのおひな様を買ってくれたのはみっちゃん。厳しい父の目を盗んで、私のお皿からにんじんを食べてくれたのもみっちゃん。出かけるたびに街一番の子ども服屋さんでかわいい洋服を買ってくれたのもみっちゃん。そんな彼女は、80歳になる今も、一人で食堂を切り盛りしています。お好み焼き、カレーコロッケ、焼き飯など、「みっちゃんの作るんは美味しいじゃけ」と、愛情たっぷりの料理を作ります。そんなみっちゃんに育てられた私は、洋服大好き、仕事大好き。洋服のオーダー店を生業にし、朝から晩までミシンを踏む毎日です。女一人でも自立できるんだ、と教えてくれたのはみっちゃんです。そんな愛情豊かなみっちゃんにとびっきりの花束を贈りたいです。紫が好きなので、紫やローズ系ピンクのグラデーションでアレンジしてもらえたらうれしいです。

田中美代さん・50歳・女性・広島県在住・自営業

AZUMA'S SELECT

ダリア(ミッチャン)、アジサイ、トルコキキョウ、カーネーション、アスター、バラ、モナルダ、アガパンサス、チランジア

みっちゃん、と聞いてすぐにピンクのダリア"ミッチャン"が頭に思い浮かび、今回はそれを使おうと即決しました。色鮮やかなピンクや紫がベースですが、ほっこりとした優しいトーンに仕上げました。きっとみっちゃんもそんな女性なのではないでしょうか。

人気YouTuberの彼に

Story 036 / 100

会ったことはありませんが、大好きな人がいます。それは人気YouTuberのHIKAKINさん。彼は「HikakinTV」という5分ほどの番組を作っていて、「巨峰豆乳飲んでみた!」「ダルシムさん家のカレー食べてみた!」など、彼が身の回りで面白いと思ったものを毎日紹介しています。総アクセス数はなんと13億回を突破したとか。彼が商品について語ると、本当に美味しそうだったり、まずそうだったり、臭そうだったり……。ついつい引き込まれ、私の毎日のストレス解消になっています。最初は独学で習得した"ヒューマンビートボックス"という、口でリズムを奏でる動画で話題になったようですが、最近は、幅広い年齢層にウケるギャグも満載。好きなことを一生懸命やっている姿に元気づけられます。

この秋には、自身が執行役員を務めるUUUMという会社が移転リニューアルしました。そこで、移転リニューアルのお祝いとエールを込めて、東さんの花束を贈りたいです。いつか「バラ風呂をやってみた!」という動画を流してほしいので、"シンプルな色"と"バラ"をテーマにアレンジをしていただけるとうれしいです。

宮田麻里さん・43歳・女性・熊本県在住・看護師

AZUMA'S SELECT
バラ、多肉植物、
サボテン、ユーフォルビア、
パフィオペディラム、トリトマなど

今回は、贈り手である宮田さんの思いをそのまま形にしました。中心に挿したのは白いバラ。しばらく楽しんだ後、そのまま引き抜いて風呂に入れ、バラ風呂にもできます。花を抜いた後でも形になるよう、周りを様々な植物で構成しているので、ご心配なく。

これから花咲くつぼみだった姪へ

　これから花咲くつぼみだった姪。14歳の彼女は、今にも可憐な花を咲かせる、ふっくらとした淡いピンクの芍薬のようでした。妹の長女で、両親にとっては初孫。私は赤ちゃんの頃からずっと近くで見守ってきました。キラキラ、ヒラヒラしたものが大好きで、すべてが「ザ・女の子」。泣き虫だった彼女も、大好きなバレエを通して強くたくましく、可憐な少女に成長しました。彼女の存在はキラキラとしてまぶしく、成長を見ることが私の生き甲斐でした。

　そんな彼女が14歳で急逝してから3年が経ちます。中学2年の冬、インフルエンザにかかりその数日後に容体が急変。夜中に救急車で運ばれ、翌朝亡くなってしまいました。私は長期出張に出ており、駆けつけることもできませんでした。あの日から私の世界は白黒です。心のどこかに鍵がかかって開きません。今でも、朝起きた瞬間に「夢だったのかも」と思うことがあります。天国の彼女によろこんでもらうため、そして残された私たちの世界に色を取り戻すために、淡いピンクの芍薬の花束を作ってもらえないでしょうか。彼女の好きな淡いピンクやブルーも加えてもらえるとうれしいです。

中野恵美子さん・47歳・女性・広島県在住・会社員

AZUMA'S SELECT

シャクヤク、アジサイ、クルクマソウ、ネリネ、エピデンドラム、ボマレアなど

たった14歳でこの世を去るなんて。切ない気持ちになりました。淡いピンクの芍薬を15本ほど挿し、その間にスモーキーなブルーや明るいピンクを加えた花束にしました。ピンクとブルーは難しい組み合わせですが、スモーキーなブルーだとうまくいきます。リーフワークはバレエのチュチュを意識しました。

闘病する母を支えてくれた高1の息子へ

Story 038 / 100

14歳の息子に私がガンであることを告知しました。彼はうつむいたまま、ただ一言「わかった」と言い残し、部屋に引きこもりました。その日を境に、彼は何も言わず黙々と掃除や洗濯などをやってくれるようになりました。私は抗ガン剤治療、手術、放射線治療の想像を絶するつらさで、家事はおろか、母親らしいことは何一つできなくなってしまいました。

私が闘病していた時期は、息子の中学最後の年。小学生から続けている野球の大切な夏の大会もあったのに、私は応援に行けませんでした。でも、副作用で髪の毛がなくなってしまったときは、彼も丸坊主にしてきて、「一緒だね」と笑わせてくれました。

幸い大きな治療を終え、50回目の誕生日を迎えることができたとき、「50歳まで生きていてくれてありがとう」というメッセージと一輪の赤いガーベラが、寝室の机に置いてありました。口数が少なく、思春期真っただ中だった息子の、精一杯のねぎらいだったのだと思います。そんな彼に、感謝の気持ちを込めて花束を贈りたいです。野球のチームカラーだった菖蒲(あやめ)色を使ってもらえるとうれしいです。

荻野まなみさん・50歳・女性・東京都在住・会社員

AZUMA'S SELECT
ショウブ、ライラック、スイートピー、カーネーション、ナデシコ

こういう少年のために花を作れるのはうれしいこと。気持ちを込めて作りました。色は野球のチームカラーの菖蒲色でシンプルにまとめました。菖蒲がバットで、下のラウンド状の花々がボールという見立てです。ナデシコは野球のグラウンドをイメージしました。

母のような、お好み焼き屋の3姉妹へ

　近所に、大好きなお好み焼き屋さんがあります。広島出身の60代の3姉妹が切り盛りしている、あたたかくてステキなお店です。私は偶然見つけて入ったのですが、雰囲気や料理がとても気に入り、毎週のように通っています。喧嘩をしながらも仲良く切り盛りする3姉妹を見ていると、自分の家族を思い出してほんわかとした気持ちになるんです。開店当初はお客さんが少なく、いろいろな相談を受けたりもしました。ホームページやチラシを作る手伝いをしているうち、一緒に朝市へ行ったり、休日にご飯を食べに行ったりするように。私が入院したときに駆けつけてくれたのは、彼女たちでした。夫が「お母さんみたいだね」と言うと、3人は「年の離れた友達だ」と怒るのですが(笑)。

　そんな3姉妹ですが、最近元気がありません。1年ほど前に愛猫が亡くなり、店も忙しくなって体調を崩すことが多いようです。いつもお世話になってばかりなので、今度は私からお花を贈りたいです。3人は一度だけ行ったハワイに思い入れがあるようで、店名にもハワイ語を使っています。見ただけで気分が明るくなるような、トロピカルなアレンジをお願いします。

横地泉さん・36歳・女性・神奈川県在住・会社員(造花アレンジメント販売)

AZUMA'S SELECT
ネオレゲリア、ストレチア、ヘリコニア、アンスリウム、キングプロテア、ピンクッション、ファレノプシス、パフィオペディラムなど

"華やかなトロピカル"がテーマです。ハワイというキーワードがあったので、南国の植物を大胆に使いました。また明るさや強さのある南国の花々に加え、華やかなランを挿しました。お店にも飾れるよう、香りを抑えた花を選んでいます。

優しくてあたたかい、木漏れ日みたいな母へ

Story 040 / 100

母は私が4歳のときに離婚し、パートで働きながら、女手一つで私と妹を育ててくれました。お金はありませんでしたが、いつもニコニコしていた母のお陰で、楽しい思い出しかありません。小さなアパートの前の敷地には母が作った花壇があり、いつも一緒に花を育てていました。きれいに咲くと、「教室に飾ったら」と花束を私に持たせてくれ、とても誇らしい気持ちでした。季節の行事も大切にする人で、クリスマスの時期になると、近くの公園や山へツタの植物を探しに行き、リースを作ってくれました。長期休みはどこにも行けませんでしたが、私たちは気にしたことがありません。母は昼になると仕事場から自転車を飛ばして戻り、ぱっとご飯を作ってくれたものです。どんなに忙しくても私たちを放置することはなく、一緒に過ごす時間を大切にしてくれました。

「あんたらには苦労かけたよね」と母は言います。でも全然そんなことはありません。むしろ日本一の母です！そんな、いつも優しくてあたたかい木漏れ日みたいな母へ、たくさんの花をプレゼントしたいです。かすみ草が大好きなので、どこかに入れてもらえるとうれしいです。

吉成綾子さん・41歳・女性・千葉県在住・運転手

AZUMA'S SELECT
ダリア、チューリップ、エピデンドラム、アジサイ、ブバルディア、ルピナス、ガーベラ、ハボタン、スイートピー、カスミソウ、カーネーション

インパクトのある花束を目指し、三重構造にしました。中心が淡い色のパステル調の花々、その周りがスイートピー、外側がカスミソウです。これは花が少し大きい"雪ん子"という種類です。ボリューム感があり、全体の淡い色の花々を引き立てます。

不妊で確信した「人生のパートナー」へ

　一つ年下の夫と結婚して3年目。恋人の延長として気ままに暮らしてきましたが、34歳になる誕生日を前に、「そろそろ子どもが欲しいね」という雰囲気になり、「妊娠しやすいタイミングを教えてくれるよ」と友人に勧められた不妊治療の病院を訪ねることになりました。

　軽い気持ちで受診したのですが、数回の血液検査で、「体外受精をお勧めします」と言われました。青天の霹靂とはまさにこのこと。でも、なにより一番驚いたのは自分が冷静だったことでした。「どうしても産みたい」という気持ちになれなかった自分にショックを受け、同時に、私のせいで「普通」とされていることが果たせないかもしれない夫に、申し訳ない気持ちでいっぱいでした。

　でも彼は、「今のままでも十分楽しいよ。だけど、10年後、後悔しないように考えよう」と言ってくれました。今回のことで、夫を本当のパートナーだと感じることができるようになりました。そんな彼に「ずっと一緒にいようね」という思いを込めてお花を贈りたいです。彼の仕事は造園業です。草木が好きなので、枝モノを入れてもらえるとうれしいです。

伊藤若葉さん・34歳・女性・神奈川県在住・地方公務員

AZUMA'S SELECT
サクラ、モモ、ボケ、ジンチョウゲ、レンギョウ、コデマリ、ツバキ

枝ものをメインにしつつ、中心に「幻の椿」とも言われる玉之浦を挿しました。枝もので一番大切なのは「枝ぶり」。形をかなり厳選しています。特にレンギョウの枝はまっすぐで、そのまま挿すと強すぎる印象になるため、あえて短く切って黄色い花が目立つようにしました。

20年以上続く女友達の新しいスタートに

最初に彼女に会ったのは20年以上前のこと。新卒で就職した出版社の同僚でした。私は編集、彼女は経理と部署は違いましたが、二人ともお酒が大好きで仲良くなり、月に1度は18時に会社を出て飲み屋に直行。仕事や恋愛、家族、政治、そして将来について語り合いました。二人とも6年ほどでその会社を離れましたが、お互い独身の気軽さもあり、辞めた後も頻繁に会っています。その彼女がこの夏、子宮摘出手術を受けました。うちにご飯を食べにきたときに「実は……」と切り出され、「まさか40代で」とショックでした。一部ガン化しており、卵巣とリンパ節の一部も取ったとのこと。返す言葉の出ない私に、彼女は笑顔で「手術を受けてよかった。5年後の生存率は98％なんだよ」。きっと大きな不安や葛藤があったのだと思いますが、彼女の強さに心を打たれました。今は仕事にも復帰し、頑張っています。そんな彼女に「新しい人生のスタート」を祝福するようなお花を作っていただけないでしょうか。彼女は背が高く凛とした女性です。「高嶺の花」的な雰囲気ですが、友人の前ではすごくかわいくなる面もあります。

鈴木凪子さん(仮名)・43歳・女性・東京都在住・フリーライター

AZUMA'S SELECT
ファレノプシス、バンダ、シンビジューム、アロエなど

無事復帰されたとのことで、お祝いの気持ちを花に込めました。彼女は"高嶺の花"とのことなので、"高嶺"である様々なランをふんだんに使ってアレンジをしました。全部で20種類くらいのランを使い、カラフルでありながら、大人っぽくまとめました。

10年目の結婚記念日、まさかの乳ガン発覚

　今から3年ほど前のこと。テレビを見ているときに、ふと胸のしこりが気になりました。「あれ?」と思い病院に行ってみると、まさかの乳ガン。皮肉なことに、ちょうど結婚10年目の記念日でした。手術、抗ガン剤治療を経てホッとしたのも束の間、翌年の夏に再発し、どん底へ突き落とされました。再手術をしたものの、後になって「取り切れていない」と、また手術。さらに子宮頸がんの検診にもひっかかり、「どこまで続くのだろう」とすっかり落ち込んでしまいました。そんなときに、私を支えてくれたのが夫と子どもたちです。次から次へと悪いことが起こる度、夫はポジティブな方向へ私を導いてくれました。9歳の娘は私の代わりに家事をし、6歳の息子は、毎日楽しそうに笑って、家の中を明るくしてくれました。

　そんな家族に支えられ、昨年末ようやく治療が一段落。ここ数年、私は妻としても母としても十分なことができず、申し訳ない気持ちと感謝でいっぱいです。夫と、いつも笑顔をくれた子どもたちに、感謝の花束を贈りたいです。ちなみに夫や娘は天体や星が好きで、息子は鉱物などが好きです。よろしくお願いします。

澤田真美さん(仮名)・41歳・女性・東京都在住・主婦

AZUMA'S SELECT
ガーベラ、クリスマスローズ、レースフラワー、ナデシコ、フリージアの原種など

花束の色は落ちついていますが、形に注目してください。花の形が星に見えませんか?中心に挿したのはフリージアの原種で、これも花の部分は星形です。アロエは息子さんの好きな鉱物を意識しました。これからもステキな家族が末永く続きますように。花の星空に願いを込めて。

愛猫を亡くした、大切な友に

最近、友人に元気がありません。この夏15歳だった彼女の猫が熱中症で亡くなってしまい、ショックが大きかったのでしょう。私たちは東北の田舎町の中学時代の同級生です。高校まで宮城県にいましたが、その後私は東京へ、彼女は福岡へ。なかなか会えませんが、互いの人生の四季が何巡もするのを手紙やメールで認め合いながら過ごしています。

震災のときは、私はすぐに実家に電話ができず、10日間ほど両親や弟と音信不通になりました。不安な日々が続く中、来る日も来る日も私の実家へ電話をかけ、無事を確認し、報告してくれたのが彼女でした。さらに食料物資を、しかも飼い犬の分まで最初に実家へ送ってくれたのも彼女です。当時は様々な知人、友人から「私にできることがあったら言ってね」という言葉は頂戴しましたが、尋ねることもせず、相手の必要なものを自ら察し、行動できる人は少ないもので、それが自然にできるのが彼女の素晴らしさです。当時のお礼もかねて、一日でも早く元気を取り戻してくれるようなお花を贈りたいです。ふんわりとした優しい雰囲気のお花をお願いします。

佐々木亜紀さん・48歳・女性・東京都在住・会社員

AZUMA'S SELECT

カーネーション、エピデンドラム、バラ、ネリネ、ガーベラ、アゲラタム、エーデルワイス、チランジア・テクトラム、ミントの葉、ペペロミアの葉、ハオルチア、ポポラスなど

やさしくふんわりした感じを出すため、パステル色でまとめました。きれいな色の花の間に、起毛性の植物や、質感の違うスモーキーな色合いの植物を加えています。アクセントとして多肉植物も忍ばせました。花を見て少しでも心安らぎ、明るい気持ちになってもらえたら。

子連れの再婚、背中を押してくれた母に

3年前に夫と別れ、バツイチで6歳の子どもがいる私。良縁に恵まれ、この3月に再婚する予定なのですが……。一度目の失敗もあり、ここへきて不安に押しつぶされそうです。再婚する相手も私と同じでバツイチの子持ち。境遇が似ているからか私に対する理解があり、子どもとの関係も良好。かけがえのない存在です。ただ、過去の経験から結婚に臆病になっています。ふとしたことで不安に押しつぶされそうになり、母へ電話をかけたことがありました。結婚や将来への不安は一切話しませんでしたが、母にはお見通しだったのでしょう。話を聞くと最後に一言、「そんなに色々気にしなくても大丈夫」。この一言で胸の中につっかえていた何かがすっと取れました。そういえば、子どもの頃もこうやって母に悩みを聞いてもらい、背中を押してもらっていたな……。存在の大きさを改めて感じました。

そんな母はこの2月で還暦です。還暦のお祝いと日頃の感謝、そして私自身の決意を込めて、花束を贈りたいです。母は趣味でフラダンスを何年も習っています。「こんな花束初めて」というようなサプライズをしたいです。

浅山渚さん・30歳・女性・東京都在住・公務員

AZUMA'S SELECT

アナナス、グズマニア、アンスリウム、ヘリコニア、グレビレア、エクメア、ルスカス

お母さまが趣味でやっているというフラダンスをヒントに、南国系の花でまとめてみました。還暦のお祝いなので全部赤です。今にも飛び出しそうな勢いのあるトップなので、足元の葉ものはルスカスで抑えました。サプライズの贈り物になればうれしいです。

AZUMA'S SELECT

アジサイ、ニゲラ、トリカブト、
ルリタマアザミ、ダンギク、
サワギキョウ、リアトリス、トケイソウ

どこかあたたかい情景が浮かんできたので、それをそのまま花束で表現しました。やさしい色合いのアジサイと、そよ風にそよぐような花たちです。認知症になっても、楽しい記憶やうれしい記憶は残ると聞いたことがあります。この花を見て、いい思い出が少しでもよみがえってきますように。

孫の私がわからなくなってしまった祖母へ

　10年ほど前に祖父が亡くなり、一人暮らしの祖母に認知症の症状が出始めました。火を消し忘れたり、しまったものを忘れたり……。一人暮らしは危ないので都内のグループホームに入居することになりました。7年ほど前に会いに行ったときはとてもよろこんでくれて、いろいろな話をしました。でも、トイレに立って戻ってくると、「どなた様でしたか？」。会話は普通にできるのに、私が誰だかわからないようでした。祖父が亡くなったことも忘れてしまったようで、「うちのおじいさん、どこ行ったかね」とつぶやいていたそうです。それからは、「あなた誰？」と言われたらと思うと切なくて、同じ都内にいながら、足が遠のいてしまっています。

　祖母は今94歳。面会に行った両親からは、一人部屋で寂しい思いをしていると聞きました。贈り主が誰かわからなくても、祖母の気持ちが明るくなるようなお花を作っていただけないでしょうか。この機会に、私も久しぶりに祖母に会いにいきたいと思います。祖母は穏やかで優しくあたたかい人で、家のベランダではアジサイや朝顔などを育てていました。ゴージャスな花よりも、質素で素朴なお花が似合う気がします。

藤井万里さん（仮名）・42歳・女性・東京都在住・会社員

「つらい1年」支えてくれた叔父と叔母へ

　僕の父はカナダ人、母は日本人です。父が日本語を解せず、街に日本人がいなかったことから、日本語を知らずに育ちましたが、10歳で1年間、日本の叔父の家にホームステイすることに。僕はわくわくしながら日本の小学校に編入しました。でも、実際は楽しいことばかりではありませんでした。最初の3カ月は何を言っているか全然わかりませんでしたし、なかなか慣れなかったのは、学校のルールや考え方です。言われた通りにやらないとすべて「ダメ」。決まったやり方でないと認められないことに違和感がありました。カナダに戻ったときはほっとして、「もう日本には行きたくない」と思いました。でも、大学生になり世界が見えてくると、日本での経験がどれだけ自分を成長させてくれたのかがわかってきました。今の僕があるのは、あのときの先生方、友達、そして面倒をみてくれた叔父さんと叔母さんのおかげです。そこで、二人に感謝の気持ちを込めて花束を贈りたいです。叔母さんは若い頃はパリに住み、フランスの航空会社で働いていました。ヨーロッパの雰囲気でまとめつつ、カナダらしい要素も加えてもらえるとうれしいです。

ヒル恵太さん・23歳・男性・カナダ在住・ビジネスコンサルタント

AZUMA'S SELECT
ダリア、ラナンキュラス、バラ、ケイトウ、スギ、ユーカリ、カクレミノ

今回はパリをイメージして作りました。"アンティークピンク"とでも言うのでしょうか。なんとも言えないピンクのグラデーションが大人っぽい雰囲気です。リーフワークには、カナダらしさの象徴として針葉樹のスギを使いました。

リストが流れる中、夫を見送った叔母へ

　60代半ばになる叔母は、結婚後から医療事務の仕事に携わり、今も仕事に励んでいます。彼女は二人の息子を育てながらも、若い頃から病気で入退院を繰り返してきた叔父を看てきました。体調がよいときは家族で国内外あちこち旅行に行っていたようで、退院したと思ったら「旅行に行ってきた」と聞いてよく驚かされました。しかし先日、その叔父が77歳で他界しました。亡くなるひと月前も家族で北海道へ、一週間前には軽井沢へ旅行をしてきたとのこと。その後、体調が急変し入院。翌日危篤の知らせを受け、その晩遅くに亡くなりました。葬儀の時、叔母はときおり涙声になりながら挨拶をしました。本当は声をあげて泣きたかったはずです。生前叔父が希望していたリストの「愛の夢第3番」が流れる中、出棺となりました。覚悟していたとはいえ、今でも叔母はちょっとしたことで涙ぐんでしまうと言います。「洗濯物を干すとき、一人分しかないことが悲しい」。先日、叔母はそうつぶやきました。

　そんな叔母をなぐさめてあげられるような花を贈りたいです。悲しさを乗り越え、また元気に仕事を続けられますように……。

山田貴子さん・52歳・女性・神奈川県在住・団体職員

AZUMA'S SELECT
キングプロテア、バーゼリア、ピンクッション、ガーベラ、エクメアの花など

夫婦の絆を花で表現しました。中心に挿した大きな二つのキングプロテアがご夫婦です。そのまわりに、暖色系の花を20種類以上あしらっています。オレンジを多めにしたので、温かみと同時に、秋の気配も感じられるアレンジです。花を見て、少しでも気持ちが華やいでくれたら。

もうすぐ閉園する、つぼみ幼稚園へ

　長い間私の心のよりどころだった"つぼみ幼稚園"が閉園します。この幼稚園は、1950年、戦後の混乱期に小山教会の付属幼稚園として建てられました。私と、娘たち二人、親子二代で通っていました。園児はたった30人ほど。バスも給食も制服もありませんでしたが、のびのびと自由に遊べる場でした。カリキュラムのない完全自由保育なので、登園したら何をやるのも自由。毎年必ず外国籍の子や障害のある子も混ざっており、「みんな違うのが当たり前」という暗黙の了解がありました。園児も先生も、個性がキラキラしているステキな幼稚園でした。

　私は幼稚園の先生の免許を持っており、実習のときもお世話になりました。いつか、「子どもができたら連れてくるね」と園長先生に約束した記憶があります。実習の後も、人生でつまずくことがあると、先生に会いに行き、背中を押してもらうこともたくさんありました。

　園は閉じてしまうけれど、花が実をつけ、また新しい命を咲かせるように、ここでの思い出はきっとまた新しい何かに結びつくと信じています。先生たちに、心からの感謝の気持ちを込めて花束を贈りたいと思います。

松本弥華さん・45歳・女性・栃木県在住・パート勤務

AZUMA'S SELECT
ヒメユリ、ユリ、グロリオサ、シュウメイギク、ホトトギス、ヒカゲなど

花のつぼみが子どもたち、それを下から包むように支えるヒカゲが先生たち、というイメージでアレンジしました。個性あふれる子どもたちを表現するため、いろいろな色、形の花を入れました。花が開くと、また印象が変わり、違った楽しみ方ができると思います。

初任地で手をさしのべてくれた「母」へ

私は関西出身で、家族や親戚はみんな関西にいますが、栃木県宇都宮市にもう一人の"母"がいます。新卒で就職したのは関東の会社。配属されたのは、縁もゆかりもない宇都宮市でした。エンジニアが多く、職場のほとんどは男性です。新入社員の上に、友達も親戚もいない初めての土地で心細い中、手をさしのべてくれたのが庶務の方でした。その方の年齢は私の母よりも上。彼女は面倒見がよく、優しい性格のためにみんなから愛され、頼りにされる方でした。通勤中に交通事故に巻き込まれたときは、遠くにいる両親に代わってお世話をしてくださり、いつしか"母"のように慕うように。一緒に働いたのは3年ほどでしたが、付き合いは今でも続いています。

昔からフラワーアレンジメントが趣味だった彼女は、定年後はカルチャーセンターで講師を務めたり、華展に出展したりと精力的に活動しています。年とともにますます輝いており、私もそんな風になりたいと憧れます。この出会いへの感謝と、"宇都宮の母"へのたくさんのありがとうの気持ちを込めて、お花を贈りたいです。薄い紫やピンクが似合うような気がします。

大木ななみさん・32歳・女性・アメリカ ワシントン州在住・主婦

AZUMA'S SELECT

パフィオペディラム、バラ、ユリ、カラー、ダリア、ハイドランジア、シュウメイギク、アセボなど

紫からピンクまで種類ごとに固めて入れ、全体がグラデーションになるようアレンジしました。中心に挿したパフィオペディラムは二人の絆を表しています。色の移り変わりを意識したアレンジを作るときは、途中にグラデーションカラーの花を入れるとうまくまとまります。

離婚した私と娘の、大切な「家族」へ

私は40代半ばで離婚し、当時小学校3年生だった一人娘と母子家庭になりました。仕事が忙しく、帰宅が20時を過ぎるのは当たり前で、月に一度は23時をまわってしまうことも。娘は学童保育へ行かせていましたが、引っ込み思案だった性格がさらにひどくなってきたとき、声をかけてくれたのが娘と同い年の女の子でした。彼女は学童の近くに住んでいる元気な女の子で、お母さんも気を使ってくれたのか、保育時間終了後には家にも誘ってくれました。そこで一緒に宿題をしたり、夕ご飯までいただくようになり、寂しかった夜の時間が楽しいひとときになったようでした。そのうち、私までご飯に誘ってもらうようになり、娘もみるみる元気になりました。その後、娘とその友達は高校までずっと同じ学校で、今は二人とも東京の人と結婚して家庭を持ち、東京に住んでいます。一方、私は彼女のお母さんと同じマンションに住むことになり、いろいろな相談をし合える、かけがえのない友人関係が続いています。

この大切な家族同然のようなご夫婦に、これまでの感謝を込めてお花を贈りたいです。優しい色合いの花束をお願いできますでしょうか。

中嶋俊子さん・66歳・女性・大阪府在住・会社員

AZUMA'S SELECT

バラ、シラー、アガパンサス、アゲラタム、マメの木、ブルーベリー、スモークツリー、セダムなど

お世話になったご友人へのお花なので、さりげない贈り物となるよう心がけました。ご家族の優しい人柄をイメージした花束です。パープルは、使い方によっては沈んでしまう色ですが、明るいグリーンと合わせると、みずみずしくフレッシュな印象になります。

AZUMA'S SELECT
フリージア、スイートピー、
トルコキキョウ

心が穏やかになる、香りのよいフリージアを主役にしました。直線的なフリージアを際立たせるために、まわりはぐっと背の低い花に。直線と対比させるため、ふわふわした花を選んでいます。まっすぐ伸びるフリージアのように、弟さんも快方へ向かいますように。

34歳、脳梗塞のリハビリに励む弟へ

　2014年の大晦日、イギリス留学中の私に母から電話がありました。実家に帰省中だった弟がひどい頭痛に倒れ、救急車で運ばれたとのこと。その日は「異常がない」ということでいったん帰宅しました。しかし、年が明けても起き上がれず、2日に再度倒れて運ばれると、脳梗塞との診断。電話で知らせを受けて、目の前が真っ暗になりました。まさか弟が、世界でたった一人の弟が脳梗塞に倒れるなんて夢にも思っていなかったのです。弟はまだ34歳。妻と、5歳と3歳の娘の4人家族で、働き盛りのイクメンです。小さい頃から運動神経抜群で、マラソンやサッカーでたくさんのメダルやトロフィーをもらっていました。2度目に病院に運ばれたときは、全身が麻痺して目の焦点も合わなかったそうです。幸いにも小脳梗塞だったため、話すことも考えることもできますが、しばらくは食べ物を飲み込んだり、歩いたりすることができませんでした。今は自宅療養で、リハビリに取り組んでいます。未来に不安もあるでしょう。優しく、家族を大切にする弟に、心が少しでも穏やかになれるお花を贈りたいです。寒色系でシンプルなアレンジがよさそうです。

竹田祐子さん・37歳・女性・イギリス在住・学生

お祝いの「花まる」をピンクとブルーで

6歳になる一人娘がいます。昨年の秋にふと、近所の私立小学校を見に行くと、とてもいい雰囲気。歩いて行けるし楽しそうだから「ちょっと受けてみる?」と、軽いノリで、娘の「お受験」がスタートしました。私たち夫婦は小学校受験をしたことがありませんし、なんとしても、というわけではありませんでした。でも娘はびっくりするほどやる気に。教室は毎週土曜日、朝10時から午後2時半頃まで"勉強"します。読み書きを習ったり、話の要約をしたり、季節の花や行事、モノの名前を覚えたりもします。「お受験」独特の世界が、私にとっても新鮮でした。夏や冬には特別講習などもあって、「そこまでやるの?」と驚きの連続でしたが、娘は嬉々として取り組んでいました。難しい問題も、解き方を教わると大人より早く解いたり、やり方を私に教えてくれたり。「もっと宿題欲しいなー」とまで言い、親がどん引きするほど(笑)。

それから1年が経ち、無事試験に合格。受かっても落ちても「花まる」をあげるつもりでしたが、合格をいただいたので、ぜひ東さんのお花を娘にプレゼントしたいです。娘はピンク、赤、水色といった女の子らしい色が好きです。

吉橋若実さん・42歳・女性・東京都在住・公務員

AZUMA'S SELECT
ネリネ、ブバルディア、バラ、センニチコウ、ブルースター、デルフィニウム、ビバーナムティナスなど

合格おめでとうございます。「花まる」をストレートに表現しました。娘さんが好きなピンク、赤、水色の小花を中心に、まあるいお花畑のようにしています。一見組み合わせづらい色の花ですが、小花の形状やトーンを合わせてまとめると、統一感が出てきます。

母に届けたい、「モロッコの太陽」

私がセネガルで出産し、モロッコに移り住んだとき、母は一人で国際便を乗り継いで孫に会いにきました。当時70歳。海外に出たのは初めてです。英語もフランス語も話せず、案の定、乗り継ぎ便を間違えそうになりながらも、夜中に空港に到着した母は、「みいちゃんに会いにきたわよ!」と満面の笑顔。それから1カ月、まだ寝てばかりのみいちゃんにひたすら話しかけたり、あやしたり。ろくに観光もせず、「側にいられれば幸せなの」と、孫につきっきりでした。そんな母の笑顔と高らかな笑い声に、現地にも母のファンが増え、買い物でおまけをしてもらったり、言葉が通じないのに話しかけられたり。母にはニコニコ笑いながら自然に相手の懐に入っていく才能がありました。

あれから10年。80歳を超えた母は膝の痛みがひどくなり、家の階段すらまともに上がれない状況です。そんな母へ、孫娘を思わせるような花束を届けていただけないでしょうか。母にとって孫娘が太陽のような存在であるのと同様、私と娘にとって母は永遠に咲く大輪の花です。モロッコを思い出させるような鮮やかな花束をお願いします。

藤田邦子さん・45歳・女性・カナダ在住・通訳、翻訳、コンサルタント

Story 054 / 100

AZUMA'S SELECT
キングプロテア、プロテア、ストレチア、パフィオペディラム、アンスリウム、ピンポンマム、ガーベラ、マリーゴールド、多肉植物、グレビレア、ヒカゲカズラ

今回はインパクト重視です。アフリカの大地を思わせる色鮮やかな南国の花を集めました。太陽をたっぷり浴びて育った植物たちは、どこか肉感的、動物的で動きがあります。こうやってアレンジすると、迫力があります。キングプロテアは太陽のようなお母さんの象徴です。

期限付き別居の夫に、白いユリでエールを

　今私は函館で中学生の息子と二人暮らしをしています。夫は関西の自宅で2匹の犬と留守番で、1年間の期限付き別居生活です。夫は地理学を研究している大学教授で「趣味が仕事」という仕事人間。家事はすべて私がしていましたが、急な引っ越しで時間がなく、家のことを何も伝えないまま来てしまいました。夫は、突然始まった一人暮らしで戸惑ったようですが、今は料理から、掃除、洗濯、犬の世話までなんとかこなしているようです。毎晩電話で「何食べた?」と聞くと、答えはいつも「野菜炒め」。中身を変えながらも、とにかく毎日、何かを炒めているようです(笑)。お弁当も作っているようなのですが、何をどう詰めているのか、さっぱり見当がつきません。電話では「適当にやってるよ」と元気そうですが、慣れない一人暮らしは大変なことも多いはず。

　そこで、誰もいない家に帰る夫に、一人暮らし頑張ってという気持ちを込めて、白いユリの花束を贈りたいです。白いユリは、私たち夫婦のシンボルフラワーです。庭にもありますが、私がリビングに飾り始めたら、夫は香りが気に入ったようでした。よろしくお願いします。

遠藤ゆうこさん(仮名)・48歳・女性・北海道在住・主婦

AZUMA'S SELECT
ユリ(シベリア)、アワ、ナデシコ、ゴールドクレスト、リュウカデンドロン

ご夫婦のシンボル、ユリをメインにアレンジしました。ただ、満開にはならないように、短くカットして上に向け、詰めて挿しています。こうしておくと、花粉がテーブルに落ちません。ご主人は一人暮らしをしているので、手がかからず楽しんでもらえるようアレンジしました。

働く母から娘へ 華やかなお祝いの花を

AZUMA'S SELECT
ダリア、ガーベラ、チューリップ、サンタンカ、エピデンドラム、カーネーション、カラテア、カトレア、シペラス、ポリシャスなど

子どもを持つ親にはぐっとくるエピソードです。多かれ少なかれ親はみな同じような悩みを持っているのではないでしょうか。お子さんへの花なので、直球勝負です。オレンジ色でアレンジしました。花を子どもに贈るのは素晴らしいこと。愛が一瞬で伝わると思います。

　満開の桜の下、大きな赤いランドセルを背負った娘と小学校の門をくぐったのが、まるで昨日のように思い出されます。あれから6年。あっという間に大きくなった長女が、この春小学校を卒業しました。あの日握りしめた小さい手のひらも、今では私と変わらないほど。でも、あのときのやわらかくて心細そうな手の感触は、今でもはっきり私の中に残っています。

　仕事を続けていたので、小学校低学年の頃はシフトを変えてもらい、なんとか乗り切ってきました。学童に迎えに行くのはいつも閉館の18時ギリギリ。家に帰ってからも、家事に追われてゆっくり話を聞いてあげることすらできず、いつもいっぱいいっぱいの私でした。ある日、手遊びの「アルプス一万尺」をする相手がいなくて、部屋の壁を相手に遊んでいる娘を見たときは、心の中で何度も「ごめんね」と謝りました。「こんな子育てでいいのかな」と自問自答しながら必死で走り抜けてきた6年間でした。

　そんな新しい門出に立つ娘へ、お祝いのお花を作っていただけないでしょうか。娘はオレンジ系の色が好きです。見るだけで笑顔になれるような花束を作っていただけたらうれしいです。

小堀まゆさん(仮名)・46歳・女性・東京都在住・会社員

仕事相手の会社の創立記念日に恋心も

なかなか思いを伝えられない男性がいます。知り合ったのは5年ほど前。39歳で、IT関連の会社を経営しています。当時、私の勤めていた会社が彼に仕事を依頼したことから知り合いました。最初にオフィスで顔合わせをしたときのことは、今でも鮮明に覚えています。彼の顔が私の心に飛び込んできたかのようでした。その後、会うことはほとんどありませんでしたが、昨年春、私が転職をしたのをきっかけに連絡がきて、一緒に仕事をするように。定例ミーティングは二人で行うことが多く、自然と二人で食事にいったり、遊びにいったりすることが増えました。それでも、私たちはあくまで仕事の関係。厳しいことを言いあわなければならない場面も多く、そのうち食事にも行かなくなりました。

気持ちを伝えたい半面、迷惑になるのではと、会話もあえて「ですます」調に。一向に距離は縮まりません。この8月、彼の会社は創立10周年を迎えました。彼の誕生日も8月です。二つの大切な節目に、思い切ってお祝いのお花を贈りたいです。そこに、私の気持ちもこっそり込めて……。クールで、それでいてどこかあたたかみのある花束を作っていただけたらうれしいです。

竹中まゆ美さん(仮名)・47歳・女性・東京都在住・会社員

AZUMA'S SELECT
ネオレゲリア、アジサイ、エリンジウム

贈り主の気持ちをぎゅっと詰め込みました。シンボルとして入れたのは、大きなネオレゲリア。忙しそうな男性への贈り物だったので、手入れの必要がない植物を選びました。"クール"なブルーのアジサイと、涼し気なグリーンとブルーのグラデーションを周りにあしらいました。

故郷・沖縄を離れて歌い続ける妹へ

東京で、一人で頑張っている妹がいます。今年で42歳。独身です。彼女は小さい頃から音楽が大好きで、18歳のときに音大に入るために沖縄を離れました。音大の声楽科を卒業後、ピアノ講師やIT関係の仕事など、職を転々としましたが、30歳を過ぎた頃、本当に自分がやりたかったことを見つけました。歌を教えるという仕事です。苦労も多かったようですが、好きなことだったから続けてこられたのでしょう。今では生徒も増え、仕事は順調なようです。最近はジャズバーでも歌っています。

家族や親戚はみんなこちらにいるので、お盆とお正月は妹も沖縄に帰ってきます。そのたびに、「早く帰っておいで〜」「いつ結婚するの？」と聞かれ、「今さら戻っても仕事ないし、相手もいないし」という会話が繰り返されています。妹にしてみたら、ここまで積み上げてきたものを捨てるなんて、という思いもあるのでしょう。今のところ沖縄へ戻ってくるつもりはないみたいです。「妹、チバリヨー！（頑張れ）」。私たちは妹が心配だけれど、まだまだ頑張りたいという彼女を応援したいです。沖縄から愛を込めて、花束を届けていただけたらうれしいです。

城間靖子さん・45歳・女性・沖縄県在住・会社員

AZUMA'S SELECT
エクメア、ストレチア、アンスリウム、ジンジャー、ピンクッション、ダリア、パフィオペディラム、コンシンネなど

「チバリヨー！」の気持ちをそのまま花にしました。沖縄や南国の花をたくさん盛り込んでいます。大きなエクメアは妹さんの象徴。その周りで支える花々が沖縄のご家族です。大きすぎるかもしれませんが、ご家族のエールを込めた花ですから、景気良く仕上げました。

"夫婦三か条"を伝えてくれた父に

　私は30歳近くになるまで学生で、好き勝手に生きてきました。博士課程を終えるまでは卒業するのに必死でしたが、働き始めると、「結婚」の重いプレッシャーが。特に母からは、実家に帰るたびに「早く結婚しなさい」「子どもを産みなさい」と言われ、口論になることも。もちろん、どんな母親でも、娘には幸せな結婚生活を送って欲しいと思うでしょう。でも、私には母の不安を一方的に押しつけられているように感じられたのです。そんなある晩、父から突然電話がかかってきました。「夫婦についてちょっと話してもいいか?」。曰く、「夫婦とは、不完全な人同士が一緒になり、二人で一人前になるもの。夫婦とは、互いに悲しみがわかるもの。夫婦とは、互いの人生に前向きであるもの」。"夫婦三か条"を言うと、父は「以上」と電話を切りました。

　あれから4年。ありがたい友人のおかげで、ステキな人と結婚しました。父の"夫婦三か条"は、今でも節目節目で思い出します。結婚して半年以上が経ちますが、改めて両親に感謝を伝えたくなりました。言葉では照れくさいことも、花でなら素直に伝えられる気がします。

作本徳子さん(仮名)・34歳・女性・京都府在住・研究者

AZUMA'S SELECT
ユリ、ダリア、バラ、マリーゴールド、カーネーション、ガーベラ、アフェランドラ、サンデリアーナ

お父さんへの感謝のお花なので、明るく前向きなイエローでまとめました。ブラウンや白が少し入ったイエローです。あまりにビビッドだと華やかになりすぎて男性は気後れしてしまいます。まして父親ならなおさら。仰々しくならないよう、様々な種類の花を折りまぜました。

授かり婚した娘へ 母からエールを込めて

高齢出産で娘を産み、大切に育ててきました。人並みに反抗期はありましたが、希望の大学にも合格、ホッとしていたのも束の間。2カ月ほどで娘は大学に行かなくなり、ある日バッグの中から源氏名の入った名刺を発見。問いただすと、キャバクラでアルバイトしていました。そのうち家にも帰らず、連絡をしても返事はこなくなりました。何で? どうしたの? 何があったの?心配で眠れず、翌朝娘の靴が玄関にあると、「生きててよかった」と胸をなでおろしたものです。その後、娘は中退して就職しましたが、相変わらず家に帰るのは月に1度ほど。するとある日突然、「妊娠しました。結婚します」との連絡がきました。さんざん好きなことをして、その挙げ句に突然の妊娠。思わず笑ってしまいました。お相手は、まだ19歳の男性とのこと。翌月、彼は会社の寮を出て私たちの家に引っ越して来ました。娘は無事女の子を出産し、今は子育てに専念しています。そこで母からエールを込めた花束を贈りたいです。春らしいピンク系のお花をメインに、私の好きなブルースターを入れてくれるとうれしいです。ブルースターは、私の誕生日に娘がくれる花でした。

里山由紀子さん・64歳・女性・東京都在住・主婦

AZUMA'S SELECT
チューリップ、フリージア、ヒヤシンス、カーネーション、スイートピー、ブルースターなど

ピンクの花の中にブルースターをちりばめました。香りもよく、春らんまんのアレンジです。ブルースターは、娘さんからお誕生日祝いにもらう花とのこと。花が人と人をつないでいるというのはステキです。母から娘へ愛情が詰まった花束。これからも仲良くお幸せに。

私の生活苦をそっと案じてくれた父に

私は23歳で結婚し、25歳で離婚しました。今は新しいパートナーと新しい人生を歩んで行こうと決めています。ただ、彼は朝早くから夜遅くまで働いているのに、残業代はゼロ。彼の会社はいわゆる"ブラック企業"で、収入が本当に少なく、二人の生活は私の収入でやりくりしています。私は3姉妹の末っ子で、母は10年前に他界。父は電気工事士で、一人で自営業を営んでいます。父の生活も大変なので、私が生活苦であることは父には一切話していませんでした。でもある日、用事があって父と電話で話していると、突然「お前も生活が苦しいだろう?」と言われ、びっくりしました。あわてて否定しましたが、父にはお見通しだったのでしょう。

数週間後、お金のやりくりを考えようと思い、銀行で記帳すると……。なんと父から5万円の振り込みがありました。一人で自営業をしている父が、それだけのお金を稼ぐのがどれだけ大変か。言葉になりませんでした。そんな父に、母の分も長生きしてもらえるよう、日頃の感謝を込めてお花を贈りたいです。亡き母はスズランや瑠璃色のような青い花が好きでした。母が好きだったお花を入れてもらえれば幸いです。

小田切瑠美さん・30歳・女性・山梨県在住・会社員

Story 061 / 100

AZUMA'S SELECT
アイリス、リンドウ、アゲラタム、エリンジウム、デルフィニウムなど

娘から贈られる花。花は枯れても、もらったときのうれしさは残るはず。記憶に残すため、はっとするような瑠璃色でインパクトのある花束にしました。男性は花をもらうことには慣れていないので、華美になりすぎないよう注意しています。お父さんの反応、いかがでしたか。

子ども嫌いだった私を選んでくれた息子へ

私は20歳で学生結婚をしましたが、当時は子どもが嫌いでした。うるさくて邪魔としか思えず、子どもを作る気はゼロ。でも、社会人になると次第に心境の変化が。忙しくなると「妊娠したら辞められるかな」という思いが頭をかすめ、またそれ以上に、友だちの子どもがあまりにもかわいくて、自分も欲しくなったのです。それからは、すぐにでも子どもが欲しくてたまらない毎日。夫とは仕事の関係で生活時間がすれ違い、なかなか授かることはできませんでしたが、1年半くらいたって妊娠がわかったときは、心の底からうれしさがこみ上げてきました。

無事出産したあとは、毎日必死。子育てはわからないことだらけです。夫は自営業のため帰宅は深夜で、息子がパパに会えるのは一日20分程度。私は父親の代わりもしなくてはと思っています。そんな中、一つ決めたことがあります。それは「誕生日のお祝いや節目の行事は盛大にお祝いする」ということ。未熟な私のもとへ生まれてきてくれた息子に、感謝と1歳おめでとうという気持ちを込めて花束を贈りたいです。生まれて初めて見る花束になるので、カラフルで盛大なものにしてあげたいです。

藤野莉加さん・27歳・女性・東京都在住・会社員

AZUMA'S SELECT
ムスカリの球根、ヒメリンゴ、レースフラワー、バラ、カーネーション、ダリア、ガーベラ、ラナンキュラス、マリーゴールド、アジサイ、パフィオペディラムなど

子どもへの花束というのは難しいもの。手を抜くと目にも留めてもらえません。エネルギーを凝縮させて作らないとダメなんです。今回はかわいいカラフルをテーマに、おもちゃ箱をひっくり返したような花束に。1歳の誕生日なので、パフィオペディラムを1本入れました。

恋人でも友人でもない、東京の彼に

彼は私が勤務する岩手県の病院を担当する営業マンで、私とは「メーカーと顧客」というおつきあい。でも、会えば本や雑誌、最近行った温泉の話など、他愛もないおしゃべりばかりしていました。あるとき、訪問診療をしている医師から聞いた話をしたことがあります。仮設住宅で寝たきりの妻を抱えた夫が、妻に処方されて余った栄養剤を焼酎に入れて飲んでいるという話です。妻は衰弱が進んでいるのに飲みたがらず、今後の介護生活のことを思うとやるせなくて、ついそうしてしまう。それを見た医師は黙って帰ってきたという話でした。私は世間話のつもりでしたが、彼の目からは涙が……。それを見て、心がえぐられる思いがしました。ああ、この人は人の生に真摯に向き合える人なんだ。私は患者さんの人生に慣れたふりをしていなかったか? 医療者である前に、人であることの尊さを教わりました。その後、彼は突然東京へ転勤になりました。遠く離れて、こんなにも伝えたい思いがあったんだと気づき、驚いています。その思いの断片だけでもお花に託し、応援しているよという気持ちを伝えたいです。赤が好きなので、赤い花を使ってもらえたら。

大澤みゆきさん(仮名)・38歳・女性・岩手県在住・管理栄養士

AZUMA'S SELECT
チューリップ、アガベ、ルスカス

「赤」をキーカラーにアレンジしました。使ったのは赤いチューリップ。彼のピュアで真っ直ぐな姿が、ぐんぐん伸びていくチューリップと重なりました。アガベはお花が終わった後も植え替えて育てられます。全体的にうねりのある彫刻的なアレンジに仕上げました。

日ごと妻の顔を忘れていく父を、介護する母へ

今から4、5年前のある夏のこと。父の言動に「あれ?」と思うことが多くなりました。すでに80歳を超えていましたし、最初は物忘れが多いなというくらいでしたが、そのうち、何かに気を取られると、それまで何をしていたのかわからなくなってしまったり、近くの公園に散歩に行って迷子になってしまったり。病院へ連れて行くと、やはり認知症でした。それから試練の日々が始まりました。一番大変だったのは、昔の父と今の父の違いを受け入れることです。父は昭和ひと桁生まれの"ガンコ親父"を地でいく、仕事一筋の人間でした。「俺の言うことを聞け!」と言うような父が、家族の顔さえわからなくなってしまったのです。今は80代の母が父の介護をしています。すっかり立場が逆転していますが、父が昔どうであったとしても、今がどうであるとしても、母は父が大好きで、父への愛情にあふれています。父は、日ごとに母の顔を忘れていますが、今や母の存在なしでは生きられません。そんな二人を見ていて、夫婦の絆を強く感じています。今年二人は結婚56周年。世界でたった一つの絆で結ばれている両親に、世界でたった一つのお花を贈りたいです。

岡本純子さん・53歳・女性・千葉県在住・会社員

AZUMA'S SELECT
アマリリスの球根、ナズナ、ミント、ユーカリ、ヒカゲ、ヒバ、スギ、グリーンアイス、バンクシア、レースフラワーなど

ご夫婦の絆が素晴らしいと思い、絆をテーマにアレンジしました。僕がここぞというときに使うのが、アマリリスの球根。球根には生命のエネルギーがつまっているように感じます。今回は夫婦の絆のシンボルとして二つの球根を使いつつ、1本の花に見えるようにまとめました。

原発事故で引き離された夫の妹夫婦へ

　夫の妹は秋田出身で、大学で考古学を勉強しているときに、夫の弟(血縁関係はなし)と出会いました。結婚した二人は遺跡研究のため福島へ行き、飯舘村に居を構えました。彼女は村の職員として、彼は浜通り最北端にある新地町の臨時職員として働き、猫とのんびり暮らしていたようです。あの日までは……。

　2011年の大地震にともなう福島原子力発電所の事故は彼らの生活を壊しました。彼女は働いていた飯舘村の職場が福島市へ移転したため、福島市にある"見なし仮設住宅"に一人で移り、彼は職場が移転しなかったので、新地町の仮設住宅で猫と暮らしています。同じ県内とはいっても車で2時間ほどの距離。雪が降ればさらに時間がかかります。そのため、今も離ればなれです。いつまでこの生活が続くのか、いつ暮らしを立て直せるのか。人生設計が立てられないまま4年が経ってしまいました。

　私は北海道に住んでいるので、震災後は一度しか会えていませんが、二人に少しでも明るい気持ちになってもらえるようなお花を贈りたいです。"新しい春"を感じられるようなお花をお願いします。

岩谷高子さん・33歳・女性・北海道在住・主婦

AZUMA'S SELECT

チューリップ、ナノハナ、ダリア、ガーベラ、エピデンドラム、スイセン、ナデシコなど

春をテーマにパステル調でまとめました。ポイントは中心に挿した原種のチューリップ。ぐんぐん伸びて、赤と白の花を咲かせるはず。ダリアは福島県産のピーチシリーズです。福島はダリアの生産地で、このシリーズも有名です。一歩ずつでも明るい方へ進んでいけますように。

AZUMA'S SELECT
ユリ、タケシマユリ、サラセニア、バショウ、アスター、クルクマソウ、トルコキキョウ、ファレノプシス、ケイトウ、トリトマ、アガパンサス、カーネーションなど

「驚くような珍しいお花を」とのことだったので、いろいろな種類を集めました。カラフルなアレンジのコツは、反対色を隣に置くこと。そうすると、お互いのよさが強調されて華やかになります。これからもいいご縁が続いていきますように、と願いを込めてループ状にしました。

離婚後、娘を大事に育ててくれた義母へ

Story 066 / 100

　私は19歳で結婚して子どもを産み、25歳で離婚しました。当時6歳だった娘の親権を争い、別居して離婚調停をしていたとき、母がくも膜下出血で倒れました。まだ57歳でしたが、半身麻痺になってしまい、それから私は家と職場、病院を駆け回る生活に……。それまでは、母の力を借りて子育てをしようと思っていましたが、入院で事態が一変。娘が一人でいる時間が増えてしまいました。悩みましたが、寂しい思いをさせるよりは、元夫と義父母宅で暮らす方が幸せかもしれない……と思い、親権を手放しました。それから娘は、元夫と義父母の愛情をいっぱいに受けて育ちました。義父母は、実の娘さんを数年前に亡くされたばかりだったので、まるで本当の娘のようにかわいがってくれました。もともと義母と私は仲が良く、私が娘に会いたいときには自由に会わせてくれました。義父母には本当に感謝してもしきれません。

　今年、娘が高校へ入学し、子育てがひと区切りを迎えた今、義母に感謝を伝えるお花を贈りたいです。花好きな人でもあっと驚くような珍しいお花をたくさん使った、華やかな花束をお願いします。

西ゆきさん・35歳・女性・東京都在住・美容師

結婚式に来てもらえない大好きな祖母に

94歳になる大好きなおばあちゃんは昔からしつけが厳しい人でした。「足を投げ出して座らない」「女の子はお手伝いしなさい」「一歩さがって控えめにしなさい」等々。遠くに住んでいたので、会えるのはお盆休みや年末年始だけでしたが、会えば「花嫁姿を見たいわ」と言い、誰よりも私の結婚式を楽しみにしていました。

しかし数年前から認知症が進み、この1年で一気に進行してしまいました。昨年私の結婚が決まり、前撮りした写真を持って報告にいったのですが、反応は「あら、きれいな人ねえ」……。もう、私のことがわかりませんでした。式は、おばあちゃんが来やすいようにホテルの会場をとったのですが、難しいかもしれません。

今の私があるのはおばあちゃんのおかげです。私のことがわからなくても、結婚式を前に感謝の気持ちをお花で伝えたいです。おばあちゃんの家の庭には、夏になるとヒマワリが咲いていました。いつも笑顔で明るい花が似合う女性です。1年ほど前に会いに行ったとき、マリーゴールドとマーガレットをかたどった手作りのキャンドルをあげましたが、それが、私を認識できた最後となりました。

梅津美歩さん・28歳・女性・栃木県在住・会社員

AZUMA'S SELECT

ヒマワリ、マリーゴールド、ガーベラ、フリージア、スイセン、ラナンキュラス、カーネーション、ピンポンマム、チューリップ、エピデンドラム、ポリポジウム

明るくいきいきしたおばあさまのイメージをストレートに表現しました。小さなヒマワリや、マリーゴールド、ガーベラを入れています。一色のグラデーションだからこそ、質感や濃淡を楽しめるよう、さまざまな花を混ぜました。イエローには人を元気にする力があります。

家出に駆け落ち、やんちゃだった娘から父へ

父は寡黙だけれど優しく、「やりたいことをやりなさい」と常日頃から言うような人でした。でも、思春期のときは顔を合わせるのも煩わしく、高校生の夏には家出もしました。そして私は高校卒業と同時に中学の同級生と駆け落ち。居場所を突き止められると、父からは毎週のように手紙と新聞が届きました。「人生まだまだ。よく考えて行動するように」と手紙には書かれていました。その後、33歳で今の夫と結婚。披露宴では父も涙を流していたと聞きました。

父が急激に痩せていったのは3年前のことです。1カ月弱で10kg以上も体重が減り尋常ではありませんでした。その年の年末に末期ガンが判明。そして翌年4月、父は天へ旅立って行きました。葬儀ではたくさんの人から「子どものことを誇りに思っていて、よく話をしていたよ」と聞かされ、涙が止まりませんでした。共産党員だった父は知事選などでも表に立ち、常に弱者の味方でした。アホほど真面目でした。そんな父にとって、私のような娘がいると、世間に顔向けできなかったろうに……。今改めてありがとうと父に言いたいです。まじめ一辺倒だった父らしく、情熱を感じる花束をお願いします。

前澤 睦さん・43歳・女性・奈良県在住・自営業

AZUMA'S SELECT
アマリリス、ジンジャー、サラセニア、アンスリウム、チューリップ、カーネーション、バラ、ガーベラ、シキミアの葉など

かっこいいお父さんです。今どきここまで強い男性はいないんじゃないでしょうか。そんなお父さんの強さと情熱を表せる色は赤。エネルギーの塊のようなアマリリスを中心に、赤い花でまとめました。お父さんの思いも、きっとお子さん達に引き継がれ、花開くことでしょう。

「いつからでも遅くない」と教えてくれた母へ

母は私たち二人の娘が独立するまでは専業主婦でしたが、50歳を前にして水泳を始め、57歳にして介護福祉士の勉強を始めました。毎日学校へ通い、朝はまだ日が昇らぬうちから、食卓で勉強する母を何度となく目にしました。

そして1年後、すべての試験に好成績で合格し、58歳で介護ヘルパーに。「誰かの役に立てる」というやりがいが大きかったようで、母は張り切って仕事に行っていました。さらに5年ほど前からは、学童のお世話もしていましたが、2015年の3月で65歳を迎え、「定年」となりました。とはいえ、会社勤めではないので、これからも主婦の生活は続きます。

あるときふと、「主婦に定年はないのよ」という母の言葉を聞き、長年家族を支え、一生懸命働いてくれた母に、東さんのお花で「定年」のお祝いをしたいと思いました。家族を支え、「いつからでも遅くはないんだよ」と私たちに身をもって教えてくれた感謝を込めて……。

母はそこにいるだけでまわりを安心させ、落ち着かせてくれる人です。そんな母に、見るだけであたたかい気持ちにさせてくれる、穏やかで明るい花束を作ってもらえないでしょうか。

安野彩さん・35歳・女性・スペイン在住・日本語教師

AZUMA'S SELECT
オダマキ、リキュウソウ、フリージア、ルドベキア、レースフラワー、チューリップ、マリーゴールド、ナデシコ、ベリー、ゼラニウム、ミントなど

お母さんはきっと芯が強く、あたたかい方なのでしょう。そこで強さと美しさを兼ね備えたオダマキをメインに使いました。この花は茎が細長いので、一見か弱い印象ですが、実は生命力の強い花です。ハーブ系の植物もたくさん入れたので香りも楽しんでもらえたら。

ギクシャクしている夫ともう一度

結婚して十数年。子どもも二人授かり、共働きでここまで頑張ってきました。ただ、いつからか夫とはぎくしゃくした関係に。忙しくてゆっくり話し合う時間がなく、心に余裕がない中、私が感情的になって喧嘩（けんか）ばかり。昔は一緒にいてリラックスできたのに、最近は二人でいるとギスギスしてしまいます。子育てをめぐってのささいなすれ違い、価値観の違い、理由はいろいろあるのでしょう。子どもたちの前でも言い争い、私が泣いてしまうこともありました。

今年の夏休み、子どもたちをつれて帰省していた夫は、家に帰るとき、「ママに会えるの楽しみ?」と聞いたそうです。うん!と答えた子どもたちに理由を尋ねると、「パパがママを泣かせるから、ママがかわいそう」との返事。夫はショックを受け、帰宅後「このままじゃまずいんじゃないか」と私に言いました。彼の言葉を聞き、本当に私が変わらなければ、と思いました。これからは穏やかで幸せな家庭を築けるよう頑張りたいという私の決意と、夫への感謝を込めてお花を作っていただけないでしょうか。夫はモノづくりに携わり、繊細でロマンチック。優しい気持ちになれる花束をお願いします。

木津田鏡子さん（仮名）・42歳・女性・富山県在住・公務員

AZUMA'S SELECT
カラー、カーネーション、ハラン、チランジア

夫婦というのはいろいろあります。しかもご主人はモノづくりに携わっているとのこと。創作の現場はとても厳しい世界です。繊細な感覚のある夫婦がうまくやっていくには、お互いを受け入れることが大切なのかもしれません。そんなご主人へ贈る花なので、白とグリーンのシンプルな花束にしました。

もうひと踏ん張りしたい自分に

就職したのは18歳の春でした。進学がかなわず、せめて大きな会社に勤めたかったのですが、配属されたのは子会社。「こんなはずじゃなかったのに」と、悲しい気持ちで社会人のスタートを切りました。

でもお給料は悪くなかったので、「お金を使ってできる経験はなんでもしよう」と、あらゆることに挑戦しました。一流の人やモノに触れたかったのです。20代で外車を買い、時間があれば美術館や海外へ。25歳頃からは、年1回一流ホテルに泊まっています。原動力は「恵まれた人に負けたくない」という悔しさでした。

でも仕事を任されるようになり、念願の親会社への異動が決まると、いろいろ背負い込んでしまい、パニック障害に。やっと勝ち取った職場なのに、体調は悪くなる一方でした。今も心療内科には定期的に通っていて、ときどき安定剤も飲んでいます。もっと成長したいのに、ここまでなのかな……と思うと、さみしい気持ちになります。でも、生き生きと輝く緑を見ると、もう少し頑張りたいと思ってしまいます。「もうひと踏ん張りだよ!」という気持ちを込めて、自分に花束を贈りたいです。

加藤真美子さん・36歳・女性・新潟県在住・会社員

AZUMA'S SELECT

ダリア、バラ、カーネーション、オーニソガラム、ガーベラ、アンスリウム、シュペルティ、多肉植物、ルスカス

人は誰でも落ち込んだり、考えすぎてしまったり、色々な感情を抱えて生きています。つぼみのシュペルティは、新芽が伸びるような力強いイメージで入れました。周りにも鮮やかなピンクを配し、気持ちが前向きになれるよう、アレンジしました。

尊敬する先輩へ、見たことがない花を

私は去年、新卒で花の仲卸会社に就職しました。社員十数人くらいの、街の小さな仲卸です。仕事は朝6時くらいから夜中まで。労働環境が過酷なこともあり、職を離れてしまう人も少なくありません。そんな中、30代の先輩の工場長は、朝4時頃、誰よりも早く出勤し、みんなが帰ってから帰宅しています。いつも周りに気を配り、会社のみんなやお客様から信頼されています。なんとなく入った会社でしたが、いつのまにか先輩のような人になりたい、という目標ができました。

そして、そんな尊敬する先輩にも目標があります。以前、仕事中に東さんの本を開いて言いました。「この街でも花を使ってこんな表現をする人を増やしたい。新しい風を吹かせる手助けをしたい」と。長年固定化されている街の花業界に変化を与えたい、と熱く語る先輩にとても胸を打たれました。そんな野心あふれる先輩に、日頃の感謝を込めて東さんのお花を贈りたいです。先輩は、見たことがない花を見ると目がキラキラします。ネイティブフラワー系、エアープランツなど個性的で変わった植物が好きです。先輩が驚くような花束をお願いします。

杉村桃弥さん・23歳・男性・北海道在住・会社員

AZUMA'S SELECT

セローム、ユリ、ダリアの球根、プロテア、アガパンサスの実、モンステラの実、ウツボカズラ、エキナセア、オヤマボクチ、パフィオペディラム、アロエ、エアープランツなど

普段はあまり目にしないような植物を使いました。シンボリックに使ったのは、大きなセローム。そこにパズルのように植物を挿していきました。ネイティブ系と呼ばれるオーストラリアや南アフリカ原産の植物が多いと、どこか野性的で、まるで一つの生態系のようにも見えます。

小さな命、一緒に育んでくれた母へ

　6年前、私は初めての子どもをスペインのマドリードで出産しました。当時は出産についての知識がまったくなかったので、一人でも平気かと思っていましたが、母は大変さを知っていたのでしょう。予定日の前後1カ月、スペインに滞在してくれました。いざとなると、母が近くにいてくれるありがたさが身にしみました。何でも聞くことができたし、自分も大切に育てられてきたんだということを知って、感動しました。そして母が帰国して3日後、日本に電話をすると、受話器を取ったのは父でした。「お母さんは乳ガンの手術を受けて、入院してるよ。もうすぐ抗ガン剤の治療が始まる」。そのとき初めて、母が深刻なガンに冒されていることを知りました。私の予定日がわかった後に、発覚したそうです。出産に立ち会うつもりでいた母は、手術の日程をのばしてスペインに来たのでした。自分の命より、娘の出産を優先してくれた母。後悔と感謝の気持ちで涙があふれました。母の手術は無事成功し、幸いなことに今も元気です。母は明るくて強さを持つ半面、周りを包み込む優しさがあります。愛情深い母に、改めて感謝のお花を贈りたいです。

多和田真衣さん・32歳・女性・愛知県在住・会社員

AZUMA'S SELECT

ファレノプシス、エンシクリア、カーネーション、クルクマソウ、リコリス、マリーゴールド、バラ、トルコキキョウなど

きっと親というのは、子どもを優先してしまうものなのでしょう。お母さんへの花なので、全体はふんわりとやさしいパステル系でまとめました。周りを囲んだカーネーションは強さを感じさせる赤。蝶のようなランの花々をポイントに乗せました。

共働きで鍵っ子にしてしまった兄妹へ

これまで私はずっとフルタイムで働いてきました。息子は高校生に、娘は中学生になりましたが、二人が小さかった頃は「働き続けていいのだろうか」と悩んだこともありました。初めて息子を保育園に預けたときは、「泣いていて何も食べない」と電話がきて、子どもと一緒にいるべきなんじゃないかと自問自答しました。インフルエンザにかかったときも、私は会社を休めず、実家の母に長期できてもらったり、姉に助けてもらったり。夫は単身赴任をしているので、仕事を諦めようと思ったことは何度もあります。でも、周りに相談するたびに、「仕事を続けていた方がいいよ」と励まされ、なんとかここまできました。今では、「辞めようかな」とつぶやくと、子どもたちに「辞めて何するの? 仕事でお母さんはいろんな経験ができているんだから」と励まされています。

ケンカをしながらも支え合い、時に私たちを支えてくれる子どもたちに感謝のお花を贈りたいです。息子は赤、娘は水色が好きです。誰もいない家に帰ってきてもほっとできるような花束を作っていただけないでしょうか。育てられる植物を入れていただけるとうれしいです。

竹内富希子さん・49歳・女性・東京都在住・会社員

AZUMA'S SELECT
ガクアジサイ、カーネーション、エピデンドラム、エアープランツ、ドラセナ

僕も鍵っ子でしたので寂しい思いをしましたが、子どもを持つと親の気持ちがわかります。円い形は兄妹の絆を表しています。ちなみに花の中に小さなエアープランツを二つ隠しました。かくれんぼしている二人をイメージしました。花が枯れると、エアープランツが出てくる仕掛けです。

アフリカの娘から、金婚式の両親へ

　私は今、アフリカ中部のブルンジ共和国というところで単身赴任をしています。娘が小学生の頃まではアジアで開発関係の仕事をしていたのですが、日本の中学校に入るため、家族で帰国。しばらくはまったく違う職についていましたが、いつかはアフリカで国際協力の仕事をしようと、働きながら大学院へ通い、フランス語の勉強もしました。そして、娘が大学に入った2年前、一人でアフリカにやって来たのです。70代の母は、私が「アフリカへ行く」というと、絶句。弟が両親の家の近くに住んでいますが、年末に母を訪ねたとき、私のことをいろいろと心配してくれているのがわかりました。

　私がこうやって好きな仕事を続けられるのも、家族と両親の理解があるからです。最近は忙しくて年に1、2回しか帰国できませんが、私に代わって両親が娘の面倒をみてくれています。

　二人はともに70代で年金生活をしています。なかなか会うことができませんが、「これまで通り仲良く、長生きしてね」という思いを込めてお花を贈りたいです。できれば、遠くにいる娘のことを思い出してもらえるよう、育てられる植物を入れていただけるとうれしいです。

古川涼子さん(仮名)・48歳・女性・アフリカ在住・準公務員

AZUMA'S SELECT

コーヒーの木、ゼラニウム、フリージア、チューリップ、ラナンキュラス、ガーベラ、サンタンカ、エピデンドラム、ゼンマイなど

「アフリカにいる娘から」という花束なので、アフリカ産のコーヒーの木を中心にアレンジしました。木は土がついたままなので、そのまま植え替えて育てることもできます。周りは心が明るくなるようなカラフルな花々であしらいました。

AZUMA'S SELECT

チューリップ、カーネーション、エピデンドラム、カラー、バラ、カランコエ、ブバルディア、ナデシコ、ネリネ、ディンゴファーン

チューリップをポイントに、ピンクのグラデーションで華やかにまとめました。小振りのチューリップは短く切って挿していますが、これからどんどん伸びます。花が咲く頃には、チューリップの下にピンクのお花畑が広がるという、高低差のある2層のアレンジになっていきます。

急死した母に代わって私を支えてくれた姉へ

　母が亡くなってから、今年で25年が経ちます。連休中、突然心不全に襲われ亡くなってしまいました。まだ52歳でした。一卵性双生児の姉と私は、たまたま二人ともお腹に赤ちゃんがいましたが、その顔を母に見せてあげることはできませんでした。姉は二人目でしたが、私にとっては初めての子ども。姉が母に代わって何から何まで支えてくれました。その二人の息子たちももう25歳です。

　姉とは、山形から上京し、東京で学生生活を送っていたときも、その後就職してからも、結婚するまではずっと一緒に暮らしていました。二人とも理系で、偶然同じ検査技師という資格をとり、姉は病院へ、私は研究所へ就職しました。当時は通勤電車が同じだったので、お互いの同僚から間違われることもしばしば。

　結婚してからはあまり会えなくなりましたが、この25年間、母の代わりとなり私を支えてきてくれた姉へ、ステキな花束を贈りたいです。姉はピンクっぽい色やフレンチカントリーな雰囲気が好き。桜やバラがお気に入りですが、チューリップを見ると、誕生日のときにいつも母が生けてくれていたのを思い出すそうです。

石川友紀子さん（仮名）・50歳・女性・東京都在住・大学勤務

迷いの中でもがく高校生の息子へ

先日、夜中に試験勉強をしている息子の部屋をのぞくと、ぽろぽろと涙を流していました。高校生の彼は、進路のことなどで悩みがあるようです。「クラブは辞める。大学の学部はどこでもいい」と言います。正直、情けない子だなあと思いましたが、彼には彼なりに思うところがあるのでしょう。こんなとき男親が近くにいればと思いましたが、夫は単身赴任中。私も朝から夜まで働き、息子と顔を合わせるのも1日に15分か20分ほどしかありません。

息子は小中学校は国立の付属へ通い、高校受験で別の付属へ移りました。アメフト部で毎日クタクタになって帰ってきます。進学先は決まっていますが、実際は学内進級の勉強で大変そうです。友人関係のトラブルはなさそうですが、周りにできる子が多く、何をやっても一番になれないコンプレックスがあるのかもしれません。

今私がしてあげられることは「ちゃんと見守っているよ」という気持ちを伝えることくらいでしょう。だから、そんな思いを込めて息子に花を贈りたいです。夜、家に帰ってきても一人なので、彼を迎え入れる息吹のような花を作ってもらえないでしょうか。

木崎倫子さん(仮名)・42歳・女性・東京都在住・会社員

AZUMA'S SELECT
ユリ、フリージア、ゼンマイ、クリスマスローズ、シキミアの実、グロリオサ、フェチダス、ポピー、ジャイアントピットなど

息子さんは「自分にはいいところがない」と思い込んでいるのかもしれませんが、きっとこれから花が咲くはず。そんな思いを込めて、様々な花のつぼみだけを集めてアレンジしました。まっすぐ上へ上へと伸びていくイメージで、高低差をつけて縦のラインを強調しました。

花束をくれた同級生へ、45歳のエール交換

彼女とは、中学・高校が一緒でした。結婚してからは疎遠になっていましたが、先日、引っ越しの報告ハガキを送ると、突然彼女から花束が届き、それがきっかけで、久しぶりに会うことに。駅で待っていると、彼女は小さなブーケを手にしてやってきました。昔と変わらず元気な笑顔。子どもも3人いるそうです。でも、お茶を飲みながらおしゃべりをしていると、元気な笑顔の裏には、いろいろと苦労があったことがわかりました。体調があまりよくなく、子どもは一人にしようと思っていたこと。でも、夫や夫の両親から「もっと子どもが欲しい」と言われ、3人産んだこと。最近半分ノイローゼになり、ふらっと家を出てしまったこと……。周りからは「元気な人」と思われがちですが、彼女は繊細で優しく、他人を思いやりすぎて自分が疲れちゃうような人だったのを思い出しました。花束は、彼女からのメッセージだったのかもしれません。女45歳、人生いろいろあるものです。今度は私から彼女へ、エールを込めて束さんのお花を贈りたいです。母ではなく、女性としての彼女へ、幻想的でロマンティックなお花をお願いします。

大木美智子さん・45歳・女性・東京都在住・主婦

AZUMA'S SELECT
リンドウ、アガパンサス、ダリア、バラ、ガーベラ、ベロニカ、ベルテッセン、レンゲショウマ、カラマツソウなど

テーマは「宝石箱」です。ときめきを感じてもらえるようなアレンジを目指しました。まず考えたのは色。繊細さや非日常感を感じさせるブルーやパープルのグラデーションでまとめました。細かい花々が可憐でロマンティックな印象です。これからも友情が続きますよう。

膵臓ガン乗り越え5年、この先も家族とともに

Story 079 / 100

AZUMA'S SELECT
ゲットウ、プロテア、ファイヤークラッカー、エクメア、ピンクッション、アーティチョーク、ドラセナの葉など

ハワイ旅行は一生の思い出でしょう。今回はそんな大切な思い出をテーマにアレンジをしました。使用したのはすべて南国の植物です。南国の花は一つ一つ個性が強いので、数を絞りぎゅっと中心にまとめました。ドライフラワーにもなるので、長く楽しんでください。

6年前のある日、父から力のない声で電話がきました。「おれ、ガンになっとるごた」。膵臓ガンだと言います。すぐに実家のある福岡へ帰ると、母は毎晩泣いていたのか、小柄な体がさらに小さくなったように感じました。「しっかりせんといかんけど、困ったねぇ。涙がよく出るったい」と言い、気丈に振る舞おうとしている姿が痛々しく見えました。妹はよく父と喧嘩していましたが、「もう、お父さんと喧嘩できんやんか」と、泣いていました。父の病は、5年生存率4％以下。誰もが死を覚悟しました。そしてつらい抗ガン剤治療がスタートしたある日のこと。父が、「こんなにつらいけん、なんか目標立てな頑張れんばい」と言い出しました。「そうや！お父さんが5年間生きとったら、みんなをハワイに連れてっちゃろう」。みんなで父を応援しました。生きていられないかもしれない、という不安を抱えて……。そして5年目を迎えた日。「困ったなー。ハワイ、連れていかんとなあ」とうれしそうに父は言いました。ハワイでは、父は何度も「ありがとう」を口にしました。この一件で、改めて家族の絆を感じています。そんな家族に感謝の花束を贈りたいです。

五十嵐久美子さん・39歳・女性・千葉県在住・主婦

一人暮らしを始める一人娘へ

　私には持病があります。生まれたときから心臓に穴があり、2歳でペースメーカーを入れました。当時は今の2倍以上の大きさだったので、小さな体には大きな負担です。小学校入学前に何度も入退院を繰り返し、手術を重ねました。手術が失敗したこともあり、「明日は生きられないかも」と言われるような状態が続きました。奇跡的な回復をして20歳をすぎたとき、「やりたいことをやろう」と心に決めました。そして、25歳でシンガポールへ。日系会社の社長秘書として働きました。数カ月後にはマレーシア勤務となり、そこで出会ったのが夫です。幸運にも娘を授かりましたが、不整脈になってしまい、さらに子宮筋腫も患い、子宮は摘出……。

　そんな風にいろいろなことがあった中、娘はすくすくと育ってくれました。そして、来年3月には高校を卒業し、一人暮らしを始めます。将来は航空会社のグランドスタッフになりたいそう。そんな娘へ、夢に向かって頑張ってという思いを込めて花束を贈りたいです。学校の校花がアヤメなので、ひっそりとアヤメを入れてもらえないでしょうか。花が終わっても、残る植物も加えてもらえるとうれしいです。

北原まりえさん（仮名）・44歳・女性・広島県在住・会社員

AZUMA'S SELECT

カトレア、グラジオラス、カーネーション、バラ、ネリネ、ケイトウ、イエローベル、ガーベラ、多肉植物、シンフォリカルポスなど

アヤメは季節柄手に入らず、カトレアやグラジオラスなど、色や形が似ている花を使いました。スパイダー咲きのガーベラや、ダイヤモンドリリーなど、細かい花びらを持つ花もよく見えるように挿しました。後に残る多肉植物も加えています。

疎遠になってしまった、あの人へ

Story 081 / 100

AZUMA'S SELECT

アロエ、サボテン、多肉植物、ナデシコ、ラナンキュラス、ヒヤシンスの球根、グズマニア、モルセラ、アセボ、バーゼリア

今回はグリーンでまとめました。独身の男性でも長く楽しめるよう、水やりなどの手間もかからない植物ばかりです。付き合いが疎遠になってしまった男性への花束には、グリーン系がぴったりです。抵抗感なく受け取れます。お二人の関係、うまく修復できますように。

彼とは仕事がきっかけで出会いました。私は建設会社で働いているのですが、彼の会社は工事の発注先。最初は仕事の打ち合わせで会うだけでしたが、仕事上のトラブルで私を助けてくれたことがきっかけで、距離が近くなりました。お礼に食事に誘ったところ、年も近かったせいか気が合い、週末ごとに食事に行くように。お付き合いをしていたわけじゃありませんが、いろいろなおしゃべりをして楽しい時間を過ごしました。疎遠になってしまったのは2年ほど前のことです。私が彼の会社に引き抜かれるような話が出てから、関係がこじれてしまいました。いくら仲が良くても、仕事は仕事、友達は友達。筋が通っていないように感じる出来事があり、彼から足が遠のいてしまいました。その後私は部署が変わり、仕事上でも彼と接点がなくなりました。あれから2年が経ちますが、私の中では未だにしこりが残っています。もう一度彼に会う機会があれば、当時のことを謝りたいです。

そこで、そのきっかけとなるような花束を作ってもらえないでしょうか。お花を見てふっと気持ちがなごめるようなものだとうれしいです。植物中心のグリーン系がいいかもしれません。

水野えみさん・33歳・女性・東京都在住・会社員

今度は私が贈る番 いつも見守ってくれた父へ

母、妹、私はこれまで父からいくつ花束をもらったでしょうか。誕生日はレストランで食事をするのが常でしたが、父はいつも花束を前もって店に送り、タイミングのいいところで花が登場しました。毎年のことなのでみんなもうわかっているのですが、それでもやはりうれしいものです。まともな反抗期がなかった私は、ずっと父が好きでした。幼い頃から子どもたちを一人の人間として尊重し、どんなにくだらない話でも否定せずに聞いてくれたからです。

父は会社員でしたが、還暦を前に早期退職して再就職し、東京を離れて初めての単身赴任に。畑違いの仕事に苦労が多かったようで、数年前に会ったときは、真っ黒なサラサラヘアが白髪になっていました。自分がそんな状況だったにもかかわらず、私がうつ病になったときも、離婚したときも、母とともに支えてくれました。

還暦のときにはちゃんとお祝いもできなかったので、これまでの感謝とこれからのエールを込めて、父にお花を贈りたいです。父は赤やピンクが好きで、昔はピンクのセーターまで着こなしていました。思えば、父に花束を贈るのは初めて。父がどんな顔をするのか楽しみです。

高橋奈津江さん・34歳・女性・東京都在住・教師

AZUMA'S SELECT
アマリリス、エピデンドラム、ケイトウ、バラ、ナデシコ、シャクヤク、アスター、リキュウソウ

お父さんが好きだというピンクや赤を使ってアレンジしました。主役は赤いアマリリスです。今回は花弁の奥がグリーンのものを使いました。流れるような軽やかな葉もののリキュウソウは、"家族を包み込むお父さん"というイメージで使いました。

AZUMA'S SELECT
デンドロビウム、ディサアーチスト、ユウギリソウ、サラセニア、ガーベラ、ダリアなど

どんな花束がいいだろうと考え、英語の絵本を調べてみたら、どれもとてもカラフル！ そこで、色とりどりのアレンジにしました。花も思い出の絵本のようにAからZまであるような珍しい品種をそろえました。ぐるりと回しながら、様々な表情を楽しんでください。

5歳のとき英語の絵本をくれた叔母へ

　あの1冊がなかったら、今の私はなかったかもしれない——。5歳くらいのときに東京の叔母からもらった英語の絵本。今でこそ珍しくはありませんが、70年代後半の田舎では、見たこともないような本でした。アルファベット順に単語が並べられ、シンプルなイラストがついていました。私は子どもの頃から本が大好きで、両親が買ってくれた童話全集はもちろん、姉や弟たちの国語の教科書まで読んでいました。叔母のくれた英語の本にも夢中になり、私が独り占めしていました。おかげで小学校へ上がる前からかなりの英単語を覚え、英語を勉強するのが楽しみで仕方ありませんでした。大学は英文科を目指し、東京の大学を受験するときには叔母の家にお世話になりました。合格すると、アパートを探すのを手伝ってくれたり、就職活動のときはスーツを買ってくれたり……。子どものいない叔母は私をとてもかわいがってくれ、私にとっては第2の母のような存在でした。

　あれから15年。今私はカナダの州立大学で働いています。遠くにいても、第2の母としていつも私の近くにいる叔母へ、東さんのお花をプレゼントできたらうれしいです。

吉澤令子さん・41歳・女性・カナダ在住・公務員

フリーランスとして歩き始めた夫に

昨年の秋に子どもが生まれ、私は今仕事から離れています。夫は映像制作の会社にいましたが、6月からフリーランスとして働くことになり、乳飲み子を抱えながら、家族みんなで頑張っていかねば、と身が引き締まる思いです。でも、同時に夫にはのびのびと楽しんで仕事に取り組んでもらえたらいいなと思っています。フリーランスとして働くのは大変でしょうが、自分で選んだ道で思う存分、羽ばたいて欲しいです。そこで、新しい一歩を踏み出した夫に、エールを込めた花束を贈りたいです。

最近、庭のある新居に引っ越したので、二人で少しずつ植物を集めています。ガジュマル、ジャスミン、ローズマリー、ゼラニウム、アイビー……。私たちが好きなグリーン系が中心です。去年の秋に息子が生まれたときには、春に庭が明るくなるよう、チューリップを植えました。ちなみに、独身時代の彼の部屋にはドライフラワーがありました。「忙しくて世話はできないから、もらった花をドライフラワーにした」と言っていましたっけ。そんな当時の思い出も込めて、ドライフラワーとしても楽しめるお花を入れていただけたらうれしいです。

鈴木恵さん・30歳・女性・東京都在住・主婦

Story 084 / 100

AZUMA'S SELECT

ゼラニウム、スイートマジョラム、ユーカリトレリアーナ、スターチス、センニチコウ、アザミ、アストランチア、クマヤナギ、アスチルベ、カンガルーポー、バラ、多肉植物など

全体のイメージは、庭造りが好きなお二人に合うようハーブガーデン風に。香りのよいグリーンをベースにしました。それ以外はほとんどそのままドライフラワーにもなる花です。お子さんが生まれたばかりということなので、子株がついている多肉植物も加えました。

大手術乗り越え1歳、家族で息子の成長を感じたい

AZUMA'S SELECT
ソウカクデン、カーネーション、クリスマスローズ、ナデシコ、グリーンナップル、オーニソガラム、ヒヤシンスの球根、エピデンドラムの葉

息子さんへ「強く生きて欲しい！」という願いを込めて、全体をライトグリーンでまとめ、生命力を感じるアレンジにしました。ご両親の象徴として、ヒヤシンスの球根も二つ加えています。みずみずしい植物の力を感じてもらえたらうれしいです。

　周りの友だちは次々と子どもを授かるのに、私は授かれず、何度も涙を流すつらい時期がありました。結婚から3年後にやっと妊娠したときは、本当に大きな喜びでした。花屋で働く夫は、料理などまったくできないのに、私の代わりに料理をしてくれたり、足をマッサージしてくれたり。そんな夫に「子どもが生まれたら、病室で何かプレゼントしよう」と計画を立てていたものです。しかし、現実は思い通りに進みませんでした。サプライズの準備をする間もなく、予定日より1カ月早く破水。入院を経て出産へ。小さく生まれてきた息子はすぐに他の病院の集中治療室へ運ばれ、心疾患の手術が必要だと告げられました。さらに悲劇は続き、手術直後に心停止が起こり、脳への酸素供給が途切れたことから脳萎縮が疑われ、発達に不安を残しました。私はただ楽しい家庭を作りたかっただけなのに……と絶望しました。そんな日々は果てしなく感じましたが、大手術に耐えた息子はこの3月で1歳になりました。そこで今改めて、夫への感謝と、親にならせてくれた喜び、生まれてきてくれた奇跡を表現する花を作ってもらえないでしょうか。

田村真理江さん・35歳・女性・大阪府在住・会社員

親不孝な息子から母への還暦祝い

「お母さんの還暦祝いどうしようか?」。長男の私を含め、兄弟3人で相談している矢先、母から「明日電話していい?」とのメールがきました。「少し長くなるのだけど」という前置きがあり、「もしかして熟年離婚?」など、色々な妄想にかられてしまいました。しかし、話を聞くと、耳下腺腫瘍(じかせん)という腫瘍がみつかり、手術が決まったとのこと。「お父さんの悪口ばかり言っていたから、罰が当たったのかしらね」と、母はいつもと変わらぬ調子。不安になってすぐに調べてみると、発生頻度は10万人に数人の病気とありました。良性、悪性の割合は10対1ということで少し安心しましたが、確定したわけじゃないし、術後一時的に部分麻痺が発生してしまう可能性もありました。せっかく還暦を迎える月だったのに、家族一同不安な日々を過ごしました。そして7月末、手術は無事成功。腫瘍も良性で術後の経過もよく、ほっと一息です。全然おめでたくない"還暦祝い"をプレゼントされてしまった母に、親不孝者の長男から本当の還暦の祝いと手術の成功を祝して、東さんのお花を贈りたいです。母はユリやフリージアなどの花が好きなようです。

上田陽一さん・33歳・男性・東京都在住・会社員

AZUMA'S SELECT
ユリ(ヒメユリ、モントブレチア、リコリスなど)、カーネーション、エビデンドラム、コンパクターの葉など

還暦のお祝いなので、華やかにまとめました。お母さんの好きなユリを何種類も入れています。もちろん、還暦なので赤い花も忘れずに。息子さんからお母さんへ贈る花束なので、遠慮せずに思いっきり華やかに。その方がよろこびも増すというものです。

ガンの次は離婚。でも太陽のような従姉妹へ

同い年の従姉妹とは仲が良く、高校生くらいまではいつも一緒に遊んでいました。彼女は20代初めで結婚し、ファッション関係の道に。私はアメリカの大学に留学して、その後も仕事の関係でイスラエルに3年間住んでいました。離ればなれになっても、仲が良いのは変わらず、メールや電話でやりとりを続けていました。

そんな中、突然彼女にガンが見つかりました。まだ20代後半。「しこりが気になる」と話していたのですが、まさかそれが……。手術をしたのは、私がイスラエルへ渡る直前でした。

普通なら悲しみの底にいてもおかしくないのに、彼女は決して悲観することはありませんでした。髪の毛が抜けても、「かわいいカツラ見つけてん！」と、どこまでも自然に明るいのです。彼女の芯の強さを垣間見た気がします。そして、やっと体力も回復してきたところ、次に待っていたのは離婚でした。30代前半で大病と離婚を乗り越え、この春7年ぶりに職場復帰します。そんな彼女へ、新しい人生の門出をお祝いするお花を贈りたいです。まわりを太陽のように照らす彼女は、かわいらしいものも大好き。白やピンクでまとめてもらえないでしょうか。

野川茜さん(仮名)・33歳・女性・東京都在住・公務員

AZUMA'S SELECT
バラ、マトリカリア、アスクレピアス、ナデシコ、ゼラニウム、ユーカリ、ミラビフローラ、エスキナンサス

彼女の内面のかわいらしさを表現するため、ミニバラなどの小花を入れてまとめました。グリーンとピンクを合わせるときは、白を少し加えるとピンクがさらに引き立ちます。ぱっと見、華やかでかわいらしいけれど、いろいろな植物が入っていて、"生命"が凝縮されています。

新店舗を開いたおもちゃ屋の叔父へ

　小さい頃から私をかわいがってくれた叔父は、長野県飯田市でおもちゃ屋さんを営んでいます。60代のイケメンで、美人で底抜けに明るい奥様、甘いもの大好きなおばあちゃまの3人で暮らしています。おもちゃ屋さんは、ひな人形や五月人形を扱う創業115年の老舗で、駅前の一等地にお店を構えていました。店内は日本人形に囲まれちょっと怖い感じもしましたが、真ん中にはぬいぐるみや小さいおもちゃの車など子どもが好きなものがたくさんありました。お店に行くと、棚に並んでいるおもちゃや花火をもらえたので、行くのが楽しみでした。高校生のときは夏休みにアルバイトをさせてもらったり、数年前まではダルマの初売りを手伝ったり、私にはたくさんの思い出が詰まっています。でも、最近は低価格の新しいお店に押され気味でした。

　そこで、叔父は心機一転、昨年末に郊外に引っ越し、今までより広い店舗をオープンしました。新しいお店でも地域の人にかわいがってもらえたらいいなあと思います。そんな希望を込めて叔父にお花を贈りたいです。お店に飾ることができて、子どもたちにもよろこんでもらえるような花束を作っていただけたら幸せです。

片桐慶子さん・41歳・女性・東京都在住・会社員

AZUMA'S SELECT
ラケナリア、エピデンドラム、スカビオサ、多肉植物、エアープランツ、シンニンギア・レウコトリカ、ルスカスなど

おもちゃ箱をひっくり返したような花束です。子どもたちが楽しめるよう、多肉植物やエアープランツも加えました。うさぎの耳のようなふわふわの葉は、通称「断崖の女王」とも呼ばれる植物。質感もいろいろあり、思わず触ってみたくなるアレンジです。

弁護士になったシェアハウスの元同居人へ

大切な男友達が司法試験に受かり、法律事務所に就職しました。彼は大学時代に知り合ったシェアハウスの同居人です。いつも明るく周りを気遣う彼のあだ名は「ダディ」。父親的存在でした。あるとき、彼の就職の書類をたまたま目にして、過去について知りました。中学生のときに父親を亡くし、3人兄弟の長男として母親を支え、弟たちの面倒をみてきたそうです。当時、彼を苦しめたのが父親の死を契機とする法的な問題でした。人間関係が壊れていくとき、法律で家族を守ってくれる人がいたら……。そう感じたことが法律家を志すきっかけになったといいます。みんなが司法試験の予備校に通う中、彼は奨学金をもらって大学に通い、昼間はアルバイト、夜は勉強に没頭し、自力で司法試験に合格。その努力は他人には計り知れません。

私は、今はパリで哲学を勉強しています。留学準備でつらかったときは彼が応援してくれました。彼の支えなしでは、今の自分はなかったと思います。試験合格と就職祝い、そして感謝を込めてお花を贈りたいです。彼は茶道や落語など日本文化が大好きなので、和を感じさせるお花にしていただけないでしょうか。

竹井彩さん(仮名)・27歳・女性・フランス在住・学生

AZUMA'S SELECT

アイリス、クレマチス、ヤグルマソウ、マム、キンセンカ、クリスタルリリー、スイートピーなど

今回は彼が好きそうな"和の要素"を前面に出してまとめてみました。依頼人のテイストを重視する場合と、贈る相手のテイストを重視する場合がありますが、今回は、「俺の好みよくわかってる!」と相手に思ってもらえるよう、あえて彼のテイストに寄り添って作ってみました。

太陽のような長男、旅立ってしまった次男へ

　私は夫と23歳で結婚しましたが、なかなか授からず、不妊治療を受けての妊娠。一卵性双生児でした。でも、しばらくすると一人には心音がないことがわかり、さらに5カ月を過ぎた頃には、「羊水過多症」と診断され、お医者さんには「今回は諦めた方がいい」と告げられました。とはいえ、エコーで見る赤ちゃんは元気に動いています。「障害を理由に命を奪っていいのだろうか」と悩み、早産で二人を産みました。次男は生まれてすぐに天国へ旅立ち、長男は7カ月の入院生活を経て退院。脳の中枢にダメージがあり、一生寝たきりの生活になるだろう、と宣告されました。それからは、1歳は超えられない、3歳は超えられない……と様々な宣告を受けながら、今年、高校3年生になりました。今も言葉をしゃべれず寝たきりだけれど、毎日笑顔を振りまき、みんなに大切にしてもらっています。苦しそうな息子を見るたびに、「私が諦めずに産んだからだ」と自分を責めていましたが、今はこの子は幸せだと心から思えます。そんな太陽のような長男、そして生きられなかった次男に、見るだけで楽しくなるような花束を作ってもらえないでしょうか。

有村聡子さん(仮名)・43歳・女性・四国在住・自営業

AZUMA'S SELECT
ヒマワリ、カーネーション、ドフセナの葉

有村さんの前向きな明るさと、太陽のような息子さん、天国から見てもぱっとわかるような花束……そんなイメージを頭に描きアレンジしました。メインはヒマワリです。周りにレモンイエローのカーネーションを並べ、さらに華やかに、外へ広がっていくようにアレンジしました。

AZUMA'S SELECT
バラ、バラの実

しっかりと前を見つめて生きていこうという堀川さんの力強さを感じました。そんな意志の強さを表現するために、深紅のバラのみでアレンジしました。周りもすべてバラの実です。水を少なめにして、風通しのよいところに置いておけば、ドライフラワーとしても楽しめます。

息子と2人暮らし 前を向くために

　3年前に夫と別れ、今は6歳の子どもと二人で暮らしています。35歳のときに結婚しましたが、相手は先天性の病気があり、対人恐怖症のため女性と付き合ったことのない人でした。彼は母親のように私を慕うようになり、なんとなく付き合い始めましたが、暴力をふるうように。別れ話をすると、意識が朦朧とするまで私を殴り、さらに髪の毛を引っ張ってベッドまで引きずり、洋服をずたずたにされたこともありました。妊娠したので籍を入れましたが、私は実家に帰って出産。しばらくは別居していましたが、やがて3人で暮らすようになりました。でも、今度は勤務先で暴力をふるいました。危機感を抱き、警察や役所などあちこちに助けを求め、なんとか離婚することができました。今の生活は大変といえば大変ですが、淡々と暮らしています。ただ時折、ベット・ミドラーの「ローズ」を聞くと、「種子は春　おひさまの　愛で　花ひらく」というフレーズで涙が出てきてしまいます。我慢ばかりの人生でしたので、東さんの作ったお花をいただけたら、こんなに幸せなことはありません。お花からもらう力を、仕事や周りの人たちに還元して生きていきたいです。

堀川さゆりさん(仮名)・41歳・女性・岡山県在住・看護師

3人子育て中のワーママ わたしが元気でいるために

　6歳、4歳、1歳の3人の子どもを育てながら働いているワーキングママです。両親が近くにおらず、保育園と区の子育て支援サービスを頼りながら、なんとか乗り切っています。朝は6時に起き、子どもたちを保育園に送ってから出勤。共働きで家事をまわすのはいつもギリギリです。1歳の子はまだまだ病気がちで、何回も保育園から呼び戻され、本当にくじけそうになります。どうしようもないときは、3人を自転車に乗せて"サーカス状態"です。

　独身だった頃は、3年ほどフラワースクールに通ってアレンジメントを勉強していました。モーレツOLで頑張っていた私には、集中して作品を作る時間が心の癒しでした。でも、子どもが生まれてからは、すっかり花も買わない生活です。洋服はユニクロでしか買いません。自分のために使える時間もありません。「きっと何かの修業に違いない！」そう自分に言い聞かせて、毎日頑張っています。

　そんな私に東さんの花を贈っていただけないでしょうか。木に咲く花が好きなので、木の花と、3人の子どもの象徴のような植物を入れてもらえたらうれしいです。

加藤理子さん・41歳・女性・東京都在住・会社員

AZUMA'S SELECT
ミモザ、コデマリ、ツツジ、エニシダ、マンサク

5種類の枝でアレンジをしました。枝モノは全体のバランスが大切です。作り込みすぎず、枝を"流す"ことで自然な動きが出ます。なかなか水をあげる時間もないでしょうから、ある程度楽しんだら水をやらないのも手です。枯らせれば、ドライフラワーとしても楽しめます。

パイプオルガンの音で結ばれた、ドイツ生まれの夫へ

この春、夫が66歳で定年退職をしました。20代で母国のドイツから日本に移住し、37年間東京の音楽大学で教鞭をとってきました。まずは心からのおつかれさまを伝えたいです。

夫と私を結びつけたのはパイプオルガンでした。私は中学卒業後、音楽を勉強するためにドイツへ。ケルンの教会でパイプオルガン演奏家として働いていました。一方、夫は牧師の息子。幼い頃からパイプオルガンを弾いていました。作曲家になった彼は、あるとき子どもの頃に聞いていたパイプオルガンの音を探そうと思いつきます。そして、あちこち探しまわったのち、やっと見つけたのが、私が当時弾いていたパイプオルガンだったのです。

今も私は全国でパイプオルガンを弾いています。私が演奏活動を続けられるのは、夫がいつもいてくれるから。一緒にコンサートをすることもありますし、公私ともに二人三脚です。

私と一緒になってくれた感謝と、これからも一緒に幸せをつくり、幸せを伝えていきたい、という気持ちを込めてお花を贈りたいです。彼はいつも音と音の調和を探しているので、ハーモニーを感じるようなお花をお願いします。

吉田文さん・43歳・女性・愛知県在住・パイプオルガン演奏家、大学教員

AZUMA'S SELECT
バラ、ラナンキュラス、チューリップ、トルコキキョウ、スカビオサ、ジンジャー、ラケナリア、ナデシコ、カーネーション、多肉植物、チランジアなど

実はケルンでパイプオルガン職人を訪ねたことがあります。優しく包み込む、気品のある音が大好きでした。今回のテーマは"ハーモニー"です。様々な音が調和するように、いろいろな花を使いました。トップに挿した多肉植物の花は新しい一歩の芽吹きを表しています。

下校する小学生を見守り続けた80歳の母

この夏、母は80歳の誕生日を迎えました。それを節目に、9年間続けてきた「見守り」を卒業すると言いました。「見守り」とは、小学校の下校時間に子どもたちを見守ることです。母は毎日、学校近くの信号機に立ち、子どもたちに声をかけていました。そして、孫娘を見つけたら一緒に帰宅するのが日課でした。母が見守りを始めたのは、9年前に栃木県で起きた悲しい誘拐事件がきっかけです。当時小学校1年生だった女児が下校中に誘拐され、遺体となって発見されました。こんなことがあってはならないと、父と母は孫娘の下校時間に見守りを始めました。父は2年ほどで膝を痛めリタイアしましたが、母は細く長く、小学生たちを見守り続けてきました。子ども達に挨拶はしますが、よほどの危険がない限り、余計な口出しは一切しません。喧嘩の仲裁もしません。子どもの世界は壊さず、見守りに徹する。できそうでできないことです。そして傘寿という節目を前にした6月、あの栃木の事件の容疑者が逮捕されました。母は安堵の表情を浮かべ、見守りを終えることを決めました。少し遅い誕生日と「見守り」卒業のお祝いに、花束を贈りたいです。

岩澤葉子さん・52歳・女性・千葉県在住・パート勤務

AZUMA'S SELECT

ダリア、カラー、リンドウ、カラマツソウ、ベロニカ、トルコキキョウ、ベルテッセン

80歳とのことなので、傘寿の色、紫のグラデーションで全体をまとめました。青から紫へのグラデーションをつなげるため、ところどころに紫と白が混ざったカラーや青と白が混ざったリンドウを挿しています。仕上げにベルテッセンをのせて、動きを出しました。

羽生クン似の就職活動中の彼へ

彼と出会ったのは高校3年生のとき。大学に入ってからは、東京と横浜の"中距離"恋愛でした。生命科学を専門にしていた彼は研究に没頭し、私は土日にアルバイトが入っていたこともあって、なかなか一緒にいることはできませんでした。でも、毎日LINEなどでやりとりをし、いつも私のそばにいてくれました。

つき合って5年目ですが、私にはもったいないくらいステキな人です。フィギュアスケートの羽生選手に似ていて、誠実で包容力があり、努力家。私が神経を逆なでするようなことを言っても、声を荒らげることはありません。

そんな彼は今、就職活動中です。普段の研究に就活が重なり、かなり大変そうです。そんな時期なのに、もうすぐ社会人になる私はつい結婚を意識させるようなことを言ってしまいました。答えにくい話題なのはわかっていました。言葉に詰まった彼を見て、私はとても悲しい顔をしたのでしょう。彼も寂しそうな表情を浮かべました。追い打ちをかけるようなことをしてしまい後悔しています。ごめんねという気持ちと、これからも頑張っていこうね、という気持ちを込めて、お花を贈りたいです。

佐々木美枝さん(仮名)・23歳・女性・埼玉県在住・会社員

AZUMA'S SELECT
ワラタ、バラ、アンスリウム、カーネーション、モルセラ、エピデンドラム

二人に共通する色は、赤。熱い思いを表現するため、赤い花でまとめました。中心にある珍しい形の花は、オーストラリア原産のワラタです。男性への花は見た目のインパクトも大事。珍しい花は会話のきっかけになります。この花束が二人の関係をさらに深めてくれますように。

大学生活を支えてくれた夫に 記憶に残る花を

　高校を卒業し、そのまま地元で就職した私は、大学生活を楽しんでいる友人たちがうらやましくてなりませんでした。ちょうど日本はバブル期。彼らは華やかな都会生活を謳歌している一方で、経理課に配属された私は伝票整理や銀行回りに追われる毎日。そして、25歳のとき同じ会社の男性と結婚しました。それから7年後、夫に東京勤務の辞令が下り、夫婦で上京することに。慣れない土地でひとり悶々としていると、ある日夫に「せっかくだから、大学で勉強してみたら」と言われました。その言葉に若い頃の思いがよみがえり、「今を逃したらこんなチャンスはない」と、翌日には願書を取り寄せ、翌春から大学に通いました。入学金、授業料、教科書代に定期代。卒業までにかかった費用は全部記しておきました。なかなかのクラスの車が買える金額です。働いて返すねと言うと、夫は「甘えられるときは、甘えた方がいいんだよ」とポツリ。未だにお金は返さないままです。大金を出させた「痛み」を感じ続けた日々でした。ただ、その痛みは夫への感謝と、無償の愛のしるしとして生涯忘れません。そんな心の大きい彼に、太陽のような花束をお願いします。

石崎陽子さん・47歳・女性・東京都在住・派遣社員

AZUMA'S SELECT
ネオレゲリア、チランジア、エクメア、カーネーション、マム、ガーベラ、チューリップなど

太陽のような花束をとのことでしたが、インパクトを出すため、周りにグリーンのネオレゲリアをたくさん挿しました。男性への花束なので、繊細な花をきれいにみせるというよりも、記憶に残るアレンジを目指しました。懐の深い太陽のようなご主人へドカン！と贈ります。

乳ガン乗り越えた母と父の「始まりの花」

昨年、両親が結婚25周年の銀婚式を迎えました。父は公務員で口数が少なく、田舎の船越英一郎という感じです。一方、母はおしゃべりで華やかな雰囲気。どこか高畑淳子のようです。そんな二人ですが、2年ほど前、父が定年を迎えるというとき、母に乳ガンが見つかりました。私と妹がそのことを知らされたのは、手術の前日。「お母さん、明日から入院するから」という電話を受けたときは、目の前が真っ白になりました。母は乳房を全切除し、その後、化学療法へ。副作用の知識はありましたが、実際に髪の毛が抜け、体力がなくなっていくのを見ると、いてもたってもいられませんでした。私は仕事を辞めて実家へ戻り、現在にいたるまで家族4人で暮らしています。幸い母の体調も戻って、親子げんかをするほどの日常が戻ってきています。12月には父の誕生日があり、その1週間後には母の再手術があります。今回は乳房の再建手術。家族にとっての再出発の手術だと思っています。昨年の銀婚式はお祝いをする余裕もなかったので、この機会にお花を贈りたいです。結婚式で母は白いカラーのブーケを持っていたので、カラーの花束をお願いします。

谷川奈緒子さん(仮名)・25歳・女性・茨城県在住・契約社員

AZUMA'S SELECT
カラー、ハラン

上品で華やかな雰囲気になるよう、小ぶりのカラーを扇形に重ね合わせました。カラーがメインになるときは、小ぶりの方が上品な雰囲気になります。白でまとめつつも、花弁の先だけほんのりグリーンが入っている品種を選びました。ちょっとしたポイントで深みが生まれます。

18年間のPTA活動を卒業した姉に

　姉には3人の娘がいますが、この春、一番下の子どもが高校を卒業し、ひとまず子育てを終えます。姉は、長女が中学に入る頃に離婚し、その後は一人で3人の娘を育ててきました。両親の助けがあったとはいえ、ヘルパー2級、介護士、ケアマネジャーなどの資格を取ってスキルアップをしたのは彼女の努力の賜物です。3年前からは介護施設の所長も務めています。一方、子どもたちの教育にも熱心で、3人の娘が通った小学校、中学校、高校と合計18年間、PTAでも働きました。会長を引き受け、毎月のように学校へ行っていた時期もあります。PTAでさまざまな意見をまとめていくのは大変だったようで、ストレスを感じることもあったようです。でも、娘たちが大学へ進学したため、今年で18年間のPTA活動も終わりです。

　そんな姉へ、子育て本当にご苦労様でしたという気持ちを込めて花束を贈りたいです。彼女はとても明るく、いつもみんなの中心にいるような人です。黄色やオレンジが似合います。姉のことだから、お花はみんなが楽しめるように介護施設へ持っていくでしょう。明るい姉に似合うような花束をお願いします。

千田礼子さん・51歳・女性・岡山県在住・主婦

AZUMA'S SELECT

チューリップ、ラナンキュラス、バラ、ガーベラ、ピンポンマム、カーネーション、オンシジウム、ウツボカズラ

いつも人の中心にいるような明るい女性に合う、華やかなアレンジを目指しました。使った花はすべて黄色。勤務先で話のネタになりそうな、ウツボカズラも加えました。こういう変わった植物が入っていると、「これ何？」と知らない人同士でも話すきっかけが生まれます。

いじめを受けている14歳の息子に

私はシングルマザーで、14歳になる息子と都内で暮らしています。普段は仕事が忙しく、なかなか息子とゆっくり話せないのですが、先日、少し様子がおかしいのに気がつきました。問いただしてみると、「学校で汚いと言われる」……。どうやらいじめられているようでした。原因はいろいろあるのでしょうが、離婚した父親から幼い頃、激しい叱責を受け続けたことが尾を引いている気がします。父親はキレると誰も止められなくなり、息子が吐くまで怒り続けていたことがあります。頭ごなしに否定され続けた結果、自己肯定できなくなってしまったような気がするのです。小学校3年生になったとき、私は我慢できず、息子を連れて家を出ました。今も息子は「父親には絶対に会いたくない」と言います。私がもっとかばってあげられれば……と後悔していますが、そのときは私も離婚するだけで精いっぱいでした。

父親が医者だったので、幼い頃からまわりに「医者になるんでしょ?」と言われていましたが、息子の夢はエンジニアだそうです。そんな息子のために、少しでも前向きになれるようなお花を作っていただけないでしょうか。

森山多佳子さん(仮名)・51歳・女性・東京都在住・会社員

AZUMA'S SELECT
パフィオペディラム、サラセニア、カラー、ケイトウ、エピデンドラム、多肉植物、ガーベラ、アンスリウム、ピンポンマムなど

この花束は僕からのエール。エネルギーの塊です。僕が好きな花を20種類以上集め、純粋に「すげえ!」と思ってもらえるようなものを目指しました。酸いも甘いもある人生のような、"楽園"のようなイメージです。君はこんな花束をもらう価値のある人間。だから自信を持って。

ほとんど会話もなくなっていた夫に

夫は高校の同級生でした。年賀状のやりとりだけ続き、何十年も経ってから「ご飯でも食べにいこう」となり、それがきっかけで結婚しました。初めての出会いから19年後のことです。すぐに妊娠しましたが、38歳の高齢出産で戸惑うことばかり。切迫早産で、1ヵ月も早く産まれてしまいました。1年ちょっとで仕事に復帰すると、今度は育児と仕事に追われる生活。次第に夫とは会話がなくなり、気持ちがすれ違っていきました。深夜に一人で泣いているとき、慰めてくれるのは11年間連れ添っている猫のさくら。髪の毛をごにょごにょしてくれました。

そんな中、42歳でぜんそくに。毎日点滴をしましたがよくなりません。医師から、猫を手放すよう言われました。私にとって猫は家族です。拒むと、「猫を飼って死にたいのか」と言われました。泣きじゃくりながら夫に相談すると、「それはできないよね。他の方法を考えよう」。真っ先に手放せと言われると思っていたので、すごくうれしかったのです。そこから夫婦関係が徐々に戻っていきました。ぜんそくにかかり、改めて大切なものに気づきました。私を支えてくれる夫、息子、猫に感謝の花を贈りたいです。

安田江里さん・43歳・女性・神奈川県在住・派遣社員

AZUMA'S SELECT

サクラ、スイートピー、
エピデンドラム、バラ、
ラナンキュラス、カーネーション、
アスチルベ、チューリップ

ペットも家族の一員なんですよね。途中から「飼うのは諦めろ」と言われても、そんなことできるわけありません。今回は、猫の「さくら」ちゃんにあわせて桜をメインにアレンジしました。桜が散ったあとには下に敷き詰めた春らしいピンクの花々が顔を出します。

著　者	東　信（あずま・まこと）
写　真	椎木俊介（しいのき・しゅんすけ）
編集・執筆	宇佐美里圭
装丁・本文デザイン	稲垣章子（Bronco Inc.）
校　閲	くすのき舎
協　力	朝日新聞社デジタル本部「&w」編集部
印刷・製本	図書印刷株式会社

花のない花屋
2017年5月30日　第1刷発行

著　者	東信
発行者	友澤和子
発行所	朝日新聞出版
	〒104-8011　東京都中央区築地5-3-2
	☎03-5541-8832（編集）
	☎03-5540-7793（販売）

©2017 Makoto Azuma, Shunsuke Shiinoki
Published in Japan by Asahi Shimbun Publications Inc.
ISBN978-4-02-251436-3
定価はカバーに表示してあります

落丁・乱丁の場合は弊社業務部（電話03-5540-7800）へご連絡ください。
送料弊社負担にてお取り替えいたします。
無断で複写、複製、転載、インターネットへの掲載を禁じます。
本書は朝日新聞デジタル&wの連載「花のない花屋」（2013年〜）より抜粋し、加筆・修正したものです。
エピソードの内容は掲載当時のものです。